地方創生への放言

窪田征司

東京図書出版

はじめに

ネット上で、地方自治体への意見・提言を始めてほぼ三年になります。その間、当方からの駄文、且つ、身勝手な投稿に対しても丁寧なご回答をくださいました全国地方自治体関係者に心よりお礼申し上げます。本書を出版するに際し、当初、ご回答を併せて登載しようと考えましたが、転載の承諾には自治体窓口各位へのお手間をかけると考え、一方的ではありますが当方からの意見・提言の登載に止めた次第です。尚、登載文は一部、内容を変えない範囲で文言の訂正をいたしております。ご了承いただきますよう、お願い申し上げます。

地方創生への放言◇目次

地方自治体に課せられた二つの課題

中心市街地商店街の空き店舗対策と中山間耕作放棄地再生

２０１９年10月10日加筆修正

お断り：ここでいう新規開業とは、賃貸物件での開業に、営業施設や設備機器等初期投資が必要な業種業態への個人の独立開業（新規就農）をいう。

２０１４年８月のシンクタンク地方経済総合研究所の「開業がしやすく、且つ、退出も再挑戦もしやすいような仕組みづくりが喫緊の課題」との問題提起から早６年目となる。新規開業支援は日本の将来にとって重要な課題であり大事な問題だ。新たな仕組みづくりに成功した自治体は未だ聞いていていない。

地方自治体への二つの課題の共通項は賃貸物件への新規開業者誘致である。

現行の新規開業者の初期投資負担制度は、開業者層を絞り、手元資金を減らし定着への悪影響を及ぼしている。新規開業者を増やし、定着率を上げるには、従来からの日本政策金融公庫（以下、日本公庫）等金融機関の開業資金融資、官民による技術や経営ノウハウの伝授、国の補助金等開業支援制度とは異次元の新たな開業手段の提供が必要だ。それは各自治体の認定の、「つなぎの事業者」（以下、認定事業者）によるつなぎの開業支援だ。認定事業者は貸主側が賃貸に供しやすい事業用定期借地・借家制度や農地利用権設定で借受したい。それら借受物件へ、開業しやすい営業施設・営農施設を付加投資し、新規開業者へ包括的転貸借で提供することだ。

具体的には認定事業者による商店街遊休施設の借受と区画貸し、空き店舗の内装設備化での提供であり、中山間地での次世代園芸施設の区画貸し、果樹・花木園等成園の継承による参入手段の提供だ。開業しやすい物件の提供は、開業率を増やすが同時に廃業率も増える。撤退者や廃業者が増えても撤退後に債務を背負っていないから再挑戦しやすい。

今、腕やノウハウがあっても自己資金が貯められない若者が多く、その為、日本公庫等からの開業資金融資が受けられない。融資が受けられない開業希望者や再挑戦者を開業手段の多様化で開業へつなげたい。住宅産業のハウスメーカー各社は施主主導の注文住宅受注から事業者主導の建売、分譲住宅・マンションによる持家手段の多様化により、潜在的需要を掘り起こした。認定事業者投資による遊休施設の分割・区画貸しは、主婦層含む潜在的出店希望者を顕在化させる。初期投資のない新築内装付貸店舗には少資金開業希望者が殺到する。中山間耕作放棄地での次世代園芸施設の区画貸しは、個々人では就農できない先端施設での開業機会を提供できる。

個人・小規模開業者向け営業施設や営農施設は、それぞれ専門の目利き人を抱える認定事業者なら類型化による規格化・標準化・定型化でき、区画化・特定化・モデル化もできる。国や地方は住宅産業でのハウスメーカー同様、事業者支援による事業者間競争を巻き起こすことが大事だ。開業後、経営が安定した定着者・盛業者を如何に多く輩出できるかが認定事業者評価となる。

認定事業者介在の区画貸し物件や営業施設・営農施設付き物件は小資金で開業でき、定着・盛業見込みの賃借人は内装や施設の譲受ができる。他方、不盛業な賃借人は解約できない開業資金の融資と違い、借地借家法や農地法で保護され撤退しやすい。

「入りやすく、出やすい」・「出やすいから、入りやすい」仕組みづくりにはつなぎの事業者介在が欠かせない。他方、所有者・地主側からは開業者の定着（撤退の予定がない）と安定（賃料の延滞がない）までは、賃貸収入を保証する認定事業者介在が求められる。

地方独自の新規開業しやすい物件の提供は、無駄な時間を省きたい都市の開業希望者を誘致しやすい。都市に潜む多くの潜在的開業・就農希望者へ向けた誘致営業が、地方創生には必要不可欠だ。

A　中心市街地商店街の空き店舗への新規開業者誘致

1　日本国内で敗退した商店街再生には世界へ発信するコンセプトが欠かせない。それは《地球環境に配慮した商業集積地》だ。地球にやさしい商品やサービスを提供する中古品流通・中継拠点としたい。認定事業者が商店街の遊休施設をパーティション化し、リデュース・リユース・リサイクル・アンティーク・リペア等、地球温暖化や環境に配慮する全ての業態への新規開業者を誘致、集積化し、世界への発信拠点とする。

2 認定事業者が商店街一角に外国人観光客専門モール街を設け、ショッピングの他、催事場・遊技場等併設し運営する。インバウンド事業者との提携で地域に点在する民泊・農泊へのウォーキングスタート・帰結拠点としたい。地球環境に貢献する日本の商店街を世界に発信する媒体拠点となる。

3 点在する個店は認定事業者による借受入札での落札者による事業運営とする。認定事業者には借受物件への「多様な貸し方・任せ方」で、脱サラ・新規開業希望者をターゲットに絞ることだ。

※地方や田舎のお蔵には地域によって異なるインバウンド受けするお宝が眠っている。お宝を買取事業者等の媒体で商店街へ持ち込むことだ。

B 中山間耕作放棄地への新規就農者誘致

1 条件の悪い中山間地への新規就農者誘致は、ＪＡ子会社等認定事業者によるハウス施設付賃貸や収穫収入までの時間差を短縮化した農業の提供が必要だ。農地中間管理機構（以下、農地バンク）による集約集積化に加え、農地バンクと提携した認定事業者による次世代園芸施設の区画貸し提供や居抜き果樹園の改植渡しへのつなぎの投資を求めたい。

2 鳥獣被害の多い山間地には、粗放栽培で手間のかからない加工用果樹・花木成園を新規創設し提供したい。参入年度から収穫収入が見込める農地バンクとの賃貸借契約（苗木の新植から成木化までの農地賃借料の免責）なら先代のない若い新規参入者でも独立就農しやすい。

3 認定事業者による施設の区画貸しや農業譲渡継承がたとえビジネス化しても、年中何時でも新規参入できる機会の提供は、新規参入者側の共感を得られる。就農年度から採取・収穫が見込められる新規就農手段の提供は、生活費の負担軽減化となり、定着しやすい。

4

収穫収入が見える農業譲渡への融資は、農地斡旋時とは違い、金融機関も応じやすい。認定事業者は域外からの若い新規参入者定着には、少なくとも生計が成り立つ複合化農業や定着までの随時作業受託サポートで応えたい。幼少の子弟を抱える若い新規参入者には、学校や塾がある中心市街地への移住による、中山間地への「通いでできる農業」業態の開発で新規参入を受け入れたい。

※目利き人

ここでいう目利き人とは新規開業に欠かせない機械・設備・機器の知識を専門的又は総合的に備え、企画設計・施工の指揮監督のできる人材である。

※農業譲渡継承

農業譲渡継承とは、ＪＡ子会社等つなぎの認定事業者が第三者への譲渡継承を目的に、機構との提携で機構借受農地へ暫定投資した栽培中作物を含む営農施設

（経営）を新規参入者等へ譲渡により継承すること。栽培中作物の生育度、出来栄えや将来の採取・収穫見込みによっても譲渡価格が変わる。

首長へのアドバイス

①コンパクトシティ化・地域指定拠点化には市民からの抵抗がある。従って将来への具体的施策や具現化には、粘り強い長期間でのコンパクト化政策が欠かせない。その間の各種施策それ自体の効果を軌道修正しながら進めたい。

②貸店舗流通現場で出会う不盛業撤退で借入金の残債務のある賃借人は、初期投資のいらない中古居抜き飲食店出店を希望し、探している。新たな借入金ができないこともあるが、新規開業を機会に世に居抜き飲食店があることを初めて知った若いテナントが多い。彼等の多くが自己資金で居抜き物件で先ず開業し、商売の自信を得てから近くのスケルトン店舗へ移動し、新築投資して本格的営業をすべきであったと反省している。

③域外からの中山間地への新規参入者誘致には、市街地への移住定住を条件とし

た受け入れがコンパクトシティ化には欠かせない。新規参入者へは中山間地への「通いの農業」を受け入れ、容認したい。新規参入後の複合化や拡大化による移住地規制もコンパクトシティ化には必要だ。誘致した自治体が中山間地への「通いでできる農業」業態を積極的に開発し、新規参入者の誘致や複合化、規模拡大化に応えたい。

地方自治体の多くが中心市街地空き店舗問題と中山間耕作放棄地再生問題の二大課題を抱えているのに、未だ具体策の実行に至っていない。この課題をこのまま見過ごすと地方の創生はできないのではないかと懸念している。

首相官邸への意見

中山間地の樹園地化

２０１８年1月18日投稿　２０１９年9月12日加筆訂正

中山間地に《時間財》への初期投資を担うのはだれか。果樹・花木は3年経ったら3年の、８年経ったら8年の果実や枝をつける。一本の苗木を樹木や母樹に仕立てるのには時間がかかる。時間がかかる樹種ほど価値がある。中山間耕作放棄地を樹園地化し、多面的機能維持に加え、国土強靭化に貢献できる中山間地帯を築こう。

※住友林業社長　市川晃氏の「いそぐ日本に、『時間財』を」を読んでの投稿です。

内閣府への意見

山間地の花木園化への企業誘致

２０１９年７月31日投稿　９月９日加筆訂正

中山間地の内、山間農業地域の荒廃農地・遊休農地化対策が急がれる。地方自治体の第三セクター等「つなぎの事業法人」による、地域に適した樹種の選択での花木園化を提案したい。苗木の新植後、活着が確認出来た後、農地バンクとの農地賃貸借条件を付して、参入希望の企業による樹木一括買受入札により参入先を決めたらよい。枝物等嗜好農産品生産目的の企業による農業参入となる。参入企業の花木園経営として地元地主への地代収入に加え、参入企業から営農集落への枝物等採取から出荷までの作業委託や、運営管理収入により地元や地域農協も潤う。企業は少なくとも農地の地代に見合う枝物等採取収穫収入が得られ、投資負担の少ない花木園の所有により、CO_2削減や国土強靭化への社会的貢献ができ、且つ、企業評価が高まる。

国交省への提言　２０１８年5月10日公園緑地・景観課への投稿
２０１９年10月10日加筆訂正

花木生産団地の農業公園化

『日本経済新聞』朝刊の「私が思う公園のカタチ」を見て、目を引くのは地方都市古河市の古河公方公園の茶畑に集う市民の写真です。公園を介し、ふるさと創生の決め手にしたいという中村良夫先生の発想には感銘します。公園の成熟化とは、観光果樹園のリンゴやナシ園とは異なる公園に植栽された特用林産樹種や自生野生樹等の植栽、混植です。樹林の散策や観賞に加え、樹木からの果実や切り花の収穫で新たな味覚や生け花を楽しむ農業公園の新たなカタチです。当然その周辺には実体験できる野菜畑や施設園芸もあり、先生の予想される多彩な農泊等民間施設が含まれるでしょう。

全国地方都市には中山間地の耕作放棄地が増えており、その再生は難題化しています。中山間地はその利活用のやり方によっては多面的機能維持に止まらず、景観化、国土強靭化へも貢献できるのです。

各県への提案は農地バンクによる中山間地の一帯化借受とJA子会社等「つなぎの事業者」による《山間地の花木園化、中間地の果樹園化による新規参入者誘致》です。農業公園化には果樹・花木園の団地化とそこに隣接する新規参入者向け次世代園芸施設が必要です。観光客を飽きさせない農業実践への多様化・多彩化が欠かせません。新規参入者は果樹又は花木園と施設園芸区画貸しでの複合化により生計が成り立つ新規参入でなければなりません。JA子会社等「つなぎの事業者」が農地バンク借受地へ苗木を新植、育成、成木化させ、その成園を新規参入者へ有償譲渡により継承し、成園と園芸施設の区画貸しをセットで提供し誘致するのです。新規参入者は参入年度からか採取・収穫収入が見込め、それぞれが観光農園としての機能も担うわけです。中村先生の言うパークマスターの登場で新規参入者誘致提案も花木園の団地化や次世代園芸施設の区画貸しへと変化することができるのです。観光客を迎えるパークマスターの人件費は新規参入者の共益費負担で賄うことです。今、国や地方に求められるのは「費用対効果」です。パークマスターの存在で新規参入者は「通いの農業」が可能になり、参入しやすい手段に加え、定着しやすい環境の提供となります。パークマスターの常在は農業公園と農場の運営管理により、新規参入者は通いでの安心経営ができる。地元の地主には農地バンクから安定地代が入り、地域農協は新規参入者という新たな取引先を持つことができる。観光客の漸増で地域も潤う。樹園地化による景観化、国土強靭化を伴う花木生産団地の農業公園化による地域への経済的波及効果は大きい。

※本稿は２０１８年5月10日付投稿文を大幅に加筆訂正した内容になっています。関係者のご了承をお願いします。

農林水産省への意見①

国有林への鳥獣防護柵設置

２０１８年12月12日投稿　未回答　２０１９年９月11日加筆

中山間地再生の前提として、鳥獣被害対策への受益者負担の軽減化を求めたい。貴省は中山間地への高収益化作物の栽培を促しているが、鳥獣被害を想定しての作物の選択は限られる。従って低収益でも鳥獣被害の少ない作物の栽培が選択されやすい。地方自治体の多くがコンパクトシティ化へ向かっている今、コンパクト化拠点地域への移住定住による兼業且つ「通いの農業業態」への転換も迫られる。中山間地農業再生への鳥獣対策は、サービスではなくセーフティネットと捉え、国家負担への配慮が欠かせない。また、国有林と民有地の境界界隈は国家負担で国有地内へ防護柵を設置すべきではないかと考える。

農林水産省への意見②

地域おこし協力隊員への新規参入支援

２０１８年７月19日投稿　２０１９年９月10日修正

地域おこし協力隊員（以下隊員と称す）の任期終了者への百万円の支援金に代わる新規参入支援の提案をしたい。入隊時に希望すれば、任期二年間を果樹・花木の生育期間とすれば終了と同時に果樹花木園経営への新規参入が叶い、参入年度から収穫収入が得られる参入しやすい手段の提供となる。収穫収入が見える参入資金の融資には金融機関も応じやすい。収穫収入までの時間差が長い果樹花木園経営への新規参入は時間差が短いイチゴ等と違い、その間の生活費負担が重く、先代のない新規参入者は参入できる業態として捉えていない。

農林水産省への意見③

次世代施設園芸への新規参入者支援

２０１８年４月23日投稿　２０１９年10月10日加筆訂正

次世代施設園芸が既存農家や新規参入企業の複合化、大規模化を視野に推進されているだけのような気がする。将来を担う先代のない若い新規参入者支援を忘れないでほしい。５haの中規模ハウスを50ａ程度の小規模スペースに区分、分割し、新規参入者向けに分譲又は賃貸により提供されている地方自治体があればお知らせ頂きたい。農地バンクは農地の借受に特化しなくてはならないなら、その借受地へ第三セクター、ＪＡ子会社等が次世代園芸施設を新設し、「つなぎの事業者」として新規参入者を誘致したら如何か。

農林水産省への意見④

農地バンクの中山間地への取り組みに際し

２０１９年9月19日投稿　10月10日修正

中山間地の借受による転貸借に際しては、農地改良に加え、鳥獣防護柵設置による転貸が欠かせません。条件不利地に加え、就農直後又は将来、防護柵等受益者負担を迫られては定着への足を引っ張られます。防護柵は一帯に連結されてこそ、その効果が発揮されます。中山間地借受範囲の決定や区画貸し転貸の工夫による効果的防護柵設置が各機構に求められます。

自民党への意見　２０１８年11月6日自民党本部へ投稿　２０１９年9月7日訂正加筆

先代を持たない新規参入者倍増策

農業への担い手を増やし、「独立・参入しやすい」制度の導入による新規参入者の倍増策が必要である。新規参入者とは、農業の先代を持たないのに独立自営を目指す若者たちである。彼等には先代からの農業後継者と違い、初期投資負担と収穫収入までの時間差の生活費負担が大きい。従って既存農家や農家後継者の規模拡大化、複合化への農地斡旋や資金融資による支援とは異なる支援策が必要だ。後継者のいない居抜き農業（果樹園等）への第三者継承制度への新規参入者誘致に加え、新規開設の先進的農業の譲渡継承への制度設計が必要ではないか。先代からの継承の場合と違い、先代の身代わり人となる「つなぎの事業者」等からの譲受継承が有償となるのは当然である。例えば「稲作の青田買い」（「稲の青田買い」とは違う）による育成途上の稲作農業の譲受継承による参入である。現在の稲作への参入時期は収穫後の11月以降に限られ、且つ、田んぼの賃貸斡旋からの就農が稲作への新規参入手段だ。5月の田植え後の農地賃借条件での稲作の譲渡継承による新規参入手段は、偶然にはあっても制度としてはない。年間を通し、収穫までの間の何時でも参入できる農業の提供は、2〜3年の研修と実践を経た新規参入者ならどの時点からでも参入し、就農できる。新規参入者はコメの収穫までの時間差が短縮化されることで、その間の生活費の負担も軽減化される。新規参入者向け農業を常時提供するには、先代に相当する第三セクターやJA子会社等「つなぎの事業法人」のあてがいが欠かせない。今後、農業がスマート化すればするほど初期投資負担が増え、新規参入をさらに危うくする。「つなぎの事業者」主導による「先進的スマート農業」の譲渡継承による提供は、若い新規参入準備者を顕在化させる。また、新規雇用就農者にも「参入しやすい手段の多様化」として、将来の独立への夢と希望をもたらすように思う。

※農水省のいう新規参入者の定義

土地や資金を独自に調達（相続・贈与等により親の農地を譲り受けた場合を除く）し、調査期日前1年間に新たに農業経営を開始した経営の責任者及び共同経営者をいう。なお、共同経営者とは、夫婦がそろって就農、あるいは複数の新規就農者が法人を新設して共同経営を行っている場合における、経営の責任者の配偶者又はその他の共同経営者をいう。

JA全中への意見

鳥獣防護柵等の受益者負担の矛盾

２０１９年９月12日投稿

防護柵等は下水道や農地改良とは違い、対象農家に固有で新たな便益を提供するものではない。条件の悪い中山間地等から得られる貴重な農産品の「得べかりし収穫物の喪失」として捉えてもらいたい。今、問題となっている豚コレラの原因がイノシシだとしたら、中山間地に多い豚舎を守る周囲の防護柵等への投資は全て国家負担として、当局への交渉をしていただきたい。養豚経営者に受益者負担を求めるべきではない。いよいよ農地バンクによる中山間地への取り組みが始まるに際し、鳥獣被害が想定される地域への防護柵等負担は全て国家負担である宣言をした上で、中山間地再生への新たな事業仕掛けへの前向きな提案をお願いしたい。

セイコーエプソン社長「なくてはならない会社へ」のコメント

湖沼を取り囲む山間耕作放棄地の花木園化

２０１９年３月29日オルタナへのコメント投稿

「諏訪湖の御神渡り」への影響との関連は定かではないが、山間耕作放棄地再生に向けたエプソンの諏訪湖周辺の環境問題への取り組みの「見える化」も必要だ。例えば諏訪湖を取り囲む中山間地の内、鳥獣被害の想定される山間地に対する地主との連携による枝物等生産手段の花木園化による景観化への取り組みは、諏訪湖周辺の山並みを変える。諏訪湖を囲む中山間地の観光客増加や国土強靭化にも貢献できる。「湖沼を取り囲む山間耕作放棄地の花木園化」の全国先駆けを担ってもらいたい。

『朝日新聞』声欄

参入難しい果樹園に秘策あり

2017年9月3日オピニオン欄掲載

私は信州の出身で、生家はモモやウメを栽培していた。中山間地では今、離農者が増えるばかりで、国も地方も地元集落も有効な活用策を見いだせていない。耕作の難しい中山間地でも、果樹なら育つ。しかし、果樹園は新規参入が格段に難しい。コメや野菜は短期で収穫収入が見込めるが、「桃栗三年柿八年」と言われるように果樹は収穫まで時間がかかるからだ。日々の生活費が必要な若者は二の足を踏んでしまう。そこで、空き店舗や遊休地の再生事業に携わってきた者として提案したい。地元農協などが中心となってまとまった耕作放棄地に苗木を植え、収穫直前まで育てた上で新規参入者に売り、地代を払ってもらうのだ。「先代」を持たない人が後継者と同じ土俵に立てるような仕組みを作れば、金融機関からの融資も受けやすくなる。手間ひまかけたブランド果実の栽培は難しいかもしれないが、加工用果実で病気に強い品種を選択すればいい。残る課題は鳥獣防護柵の設置だが、ここには国や地方の支援を求めたい。

『朝日新聞』声欄

『日本農業新聞』への「読者投稿」欄投稿文
２０１８年５月27日掲載　２０１９年９月９日一部加筆修正

若者が再挑戦しやすい就農制度への転換

農業に参入する若者力に期待するには、現在の就農制度に加え「就農しやすく、撤退しやすい」制度の多様化が国や地方に求められる。住宅産業では事業者主導による建売や分譲住宅、マンションなど、持家手段の多様化へ向けたハウスメーカー間の競争が今日への進化と発展をもたらした。それに比べ、農地の斡旋からの就農支援は、本人主導による注文住宅の域に止まっているように見える。スマート農業への新規参入を促すには、ハウスメーカーに相当する農業メーカー主導による「営農施設付き農場」や「農業経営の譲渡・継承」といった参入手段の多様化と参入時期の拡大化が欠かせないのではないかと思う。後継者のない果樹園などの第三者継承や酪農の一括継承支援は、住宅産業における中古住宅の再販に勝るとも劣らない合理的な就農支援制度だ。今後は、新築建売住宅に相当する「生計の成り立つ複合農業経営の譲渡」、「初期投資を軽減化する次世代園芸施設の区画貸し」や、売り建てに相当する新規参入者の樹種選択を取り入れた「新規果樹園の創設と経営継承」等、先進的スマート農業を創出する「つなぎの事業者」介在による「つなぎの就農支援」が欠かせない。従来からの農地の斡旋とは異なるこうした農業施設付き一括賃貸や、収穫収入を得るまでの時間を縮める新規成園の提供は、農業の先代を持たない若い新規参入者から共感を得られる。不盛業による「撤退しやすい」制度の導入は合理的就農支援システムとして理解される。他方、農地バンク等関係者には新規就農者の撤退への懸念という緊張感をもたらす。新規就農者を増やし新規参入者を倍増するには、「撤退しやすいから参入しやすく、再挑戦もしやすい」就農制度への転換が必要だろう。

※『日本農業新聞』に掲載された投稿文に、内容を変えず、一部を加筆・修正した。

※２０１９年8月16日『日経』朝刊によれば、政府は就職氷河期１００万人の就職支援に関し、「正規雇用で半年定着したら、研修業者に成功報酬型の助成金を出す」とのことだ。同様の成功報酬型の助成金を定着を条件に就農への「つなぎの事業者」へ支給したらよい。8月10日『日本農業新聞』は49歳以下の若手新規就農者数が2万人割れと報じている。先代のない新規参入者数も３２４０人と、前年から11％減っている。これら減少傾向に歯止めをかける策が政府に求められる。

北海道農業公社への提言

次世代園芸施設の新規就農者向け区画貸し

２０１８年４月27日投稿　２０１９年９月２日加筆

北海道は酪農の第三者継承等、先代を持たない新規参入者支援に関しては全国に先駆け、とても先進的な自治体です。既に構想されておられるかもしれませんが、寒冷地での次世代施設園芸の推進策にはご苦労されておられるのではないでしょうか。私の事業は都市での「空き店舗の内装設備付き貸店舗化による新規開業者誘致」でした。その経験から農業への就農・参入制度を見ていますと、未だ住宅の持家手段の用地手当と大工への注文建築に拘っておられるように見えます。従って中古住宅のリフォーム渡しに比喩できる酪農の新規参入者への継承は進化した就農手段の一つとして捉えることができるのです。初期投資の莫大な酪農継承とは違い、中規模次世代園芸施設を新築し、先代を持たない新規参入者へ向け、小規模分割化した区画貸しスペースを提供される新規参入者支援をなされたら如何でしょうか。省エネ設計が欠かせない北海道にあっては、立体化・高層化の縦方向展開がエネルギー効率化となるか否かのご検討からのスタートになるかもしれません。次世代園芸施設は既存大手農家や企業向けとしての国家政策でしょうが、全国に求められるのは個人の新規就農・新規参入支援への施設の提供としてではないでしょうか。「小の集団が大を制する」個人新規参入者向け次世代園芸施設の新設を先進的就農支援の北海道から要請されるなら国も聞く耳を持つのではないでしょうか。

青森県への意見

リンゴ園の第三者継承について

２０１８年８月23日投稿　２０１９年９月12日加筆訂正

身内に後継者のいないリンゴ園の第三者継承は、移譲者の技術や経営を引き継ぐ合理的参入手段の提供である。継承までには移譲方法、譲渡額、賃借料の合意等、双方の利害の一致が必要だ。利害関係のある者同士が常時触れ合うマッチング方式が継承契約への障害となっているのではないかと懸念している。移譲者の技術やノウハウの多くはＪＡ等目利き人を媒体に継承側へ再伝承できる。当事者同士の常時触れ合いは相手の欠点が目につきやすく、移譲者・継承者双方何れかの継承意欲が減退し、果樹園の撤去に向かえば経営資源の消失となる。長野県ではＪＡ等が一時的に借り上げて改植等をした後、担い手に貸す「リース農場方式」や、担い手が見つかるまでの間、経営をつなぐ「リリーフ農場方式」によりＪＡが当事者となって担い手が参入しやすい環境を提供している。北海道では公社が後継者のいない酪農家から農場や施設を一旦、一括取得し、新規参入者に譲渡条件を明示して一定期間（5年間）一括賃貸借する「農場リース事業」でのつなぎの役割を担っている。貴県への提案は、農地バンクの農地の借受とJA子会社等「つなぎの事業者」へのリンゴ園の譲渡（無償譲渡を含む）を同時に行い、改植・整備等による「生計の成り立つ先進のリンゴ園」へと再生し、担い手に引き渡す「つなぎの事業者」としての役割を担わせたらよいと思う。ただ、将来は「つなぎの事業者」による耕作放棄地借受と定着未定の担い手への経営委託、定着担い手への成園譲渡による地主との直接賃貸借契約移行等、第三者継承への新たなビジネスモデルを築きたい。

☆「つなぎの事業者」から継承者の人柄等の報告を受けた移譲者は安心して直接の当事者（賃貸人）となれる。

青森市への提言

お店貸します・任せます

中心市街地商店街の空き店舗の再生は難題です。貴市におかれましても全国同様、開業者への補助金支援や専門家による様々な仕掛けがされています。たとえ半分でも自己資金を投入する開業者は今、立地を選ぶ立場にあるのです。残念ながら商店街空き店舗は立地を選ぶ立場にあるテナント層の選択肢にはない場所です。従って立地より「開業しやすい手段」を優先したいテナント層に絞った誘致策が求められます。日本公庫等からの開業資金融資に至らなかった個人の脱サラ・独立新規開業者は多くいます。彼等は腕や技術等能力を持っていても、手持ち資金が足りず、金融機関からの開業資金融資を受けられなかった開業希望者です。彼等には開業しやすい手段を優先するか先延ばしするかの選択肢以外ありません。そんな彼等をターゲットに新築内装設備付貸店舗「お店貸します・任せます」提案です。商店街組合等による初期投資の承諾を得たなら、第一号案件として先ずは商店街空き店舗の物件に「お店貸します・任せます」の看板を出し、希望者を募ってみることです。家賃は借受家賃の5割増し程度での設定でも受け入れられます。初期投資にかかる内装設備費によっても割増し率は異なります。次のテナントが見つけにくい流通性の弱い業態に関しては内装設備付き賃貸を受け入れたとしても、1年以内にテナントへの内装設備等の譲渡を条件とし、初期投資の回収を優先してください。定着・盛業見込者は内装等譲受による早期の家賃引き下げを選択するでしょう。手間や時間が掛かっても、テナント定着を見届けたのちの次の空き店舗への取り組みとなります。

弘前市への意見

農作業サービス事業者の育成

２０１９年６月28日投稿　９月12日加筆訂正

リンゴ園への労働力支援をマッチングで行うのは農家の要望に応えにくい。ＪＡ子会社やコントラクターによる常時サポート体制構築による緊急派遣できる体制の整備が必要だ。新規参入者へのスマート技術の研修による農作業受託サービス業としての、独立への新規参入経路も開設すべきだ。山間地で育ち、且つ、平時の手間のかからない啓翁桜等花木園経営との複合化によるコントラクター養成もあってよい。多様な農業サービス業への新規参入者を増やす複合化提案が求められる。初期投資負担が増えるスマート農業化への対応には農地斡旋からの新規就農支援に拘っておられない。貴市独自の《建売》果樹園の提供等、新規参入しやすい参入手段の提供を試みたい。

福島県への意見

里・山いきいき戦略を読んで

２０１７年12月6日投稿　２０１９年10月3日加筆修正

除染を終えた中山間地の地主の多くがそこでの営農継続より「農地を農地として後世にしっかりと継承できるか」を模索しておられるように思います。中山間耕作放棄地の具体的再生手段として、樹園地化による新規参入者誘致を関係自治体へご提案しています。新規参入者には農業の先代がありません。そんな彼等への参入しやすい手段の提供による長期安定的地代収入が目的です。野菜等栽培の自営農業を見限った消極的提案として捉えないで下さい。中山間地の多面的機能維持や景観化にも有効な新規果樹・花木園等の開設です。新規参入者への収穫できる年度までの譲渡継承による誘致です。成園を譲り受けた新規参入者は参入年度から採取収穫収入が得られます。個人の新規参入者への提供を優先するだけで応募者がない場合には企業への譲渡も構いません。このご提案の根底にあるのは、「建設物価指数」として定期的に公表される緑化樹価格同様、果樹・花木にあっても、その生育度による「目通り」での価値や評価が何れ下される時代が来るとの希望的提案でもあります。域外からの先代のない新規参入者を被災地に呼び込むには、風評から若干距離を置いた信頼されやすい農産物の選択肢が欠かせません。地主や集落に寄り添った視点での対話が望まれます。目利き人による既存の果樹・花木種に拘らない手間のかからない栗、銀杏等特用林産樹種の選択肢の情報提供も必要です。

会津若松市長への意見

新規参入者への植物工場区画貸し

２０１９年７月22日投稿　９月10日加筆修正

富士通の野菜工場を参考に、県の農地バンクとの連携により、貴市主導で新規就農者向け植物工場区画貸し新規就農物件を提供したい。腕があっても資金手当てができない若い新規就農希望者を誘致するには「新規参入しやすい手段の提供」が必要だ。富士通関係者の協力が得られれば研修・実践指導ができ、貴市独自の新規就農支援への道筋も描ける。特に先代を持たない新規参入者には初期投資負担と収穫収入までの生活費負担という二つの参入障壁があり、参入と同時に収穫が見える植物工場の軽野菜栽培での新規就農には魅力がある。今、新規参入後の定着率が問題化している。10年以内の新規参入者の四人に三人が「農業だけでは生計が成り立っていない」と回答している。おそらく兼業で農外収入による生計の維持を余儀なくされているのではないかと思う。問題は生計が成り立たないことだけではなく、撤退したくても撤退し難い無理な新規参入に原因があったのではないかと懸念している。「新規参入しやすい就農手段の提供」は撤退しやすい。従って次から次へと入れ替えがあり定着者が出るまで第三セクター等「つなぎの事業者」の介在が欠かせない。日本農業の再生には今、「再挑戦しやすい新規就農制度」への転換や多様化への制度設計が必要ではないか。植物工場への個人の新規参入には「つなぎの事業者」による新規参入しやすい規模への分割・区画貸し提供が必要だ。手持ち資金の少ない若い新規就農希望者の独立や新規参入をしやすくする。

鶴岡市への意見

販売農家継承への貴市職員の介在の必要性

総農家数の8割近くを占める貴市の販売農家数をこれからも維持するには継承に関し、現経営世代と継承世代の両者が「向き合う」時に貴市職員が利害関係のない第三者として「立ち会う」サポートも必要ではないかと思う。今後、後継者世代の事情により、主業農家の準主業化、副業的農家への移行は避けられない。販売農家として留まらせることができれば将来の世代に主業農家に戻る希望も持てる。但し、現主業農家の準主業への移行を伴う継承には、現農業業態の転換や後継者世代へのサポート体制の構築が求められる。継承農地の内、大規模集積化できる平場の農地は農地バンクへの賃貸に供し地代が入る。問題は集約化できない小規模農地や条件の悪い中山間地の露地野菜や果樹園の継承で、「栽培と収穫・選果・出荷の分離」、「母樹の維持管理と採取収穫・選果・出荷の分離」によるＪＡや農作業受委託事業者によるサポート体制が必要となるのではないかと思う。例えば重量野菜の大根や里芋も栽培作業への特化なら継承しやすい。自動収穫機等の進化による果実や枝物の採取収穫から出荷までの一気通貫作業委託には、経営者世代の逸品生産から後継者世代向けの加工用果実種への改植や手間のかからない花木園化への業態転換が欠かせない。経営者世代は、後継者世代の事情に合わせた農業業態への転換や選択が重荷となっても、農家の継承を優先しなくてはならない。

栃木県への意見

中山間地域活性化推進への関与

２０１８年１月16日投稿　２０１９年９月12日加筆訂正

中山間離農放棄地の再生には各集落集会の開催を促し、自治体職員の集会への参加による具体的作物を提示しての合議を促したい。集落集会の全会一致には自治体目利き人からの推奨作物の提案が欠かせない。推奨作物は高収益作物の推奨ではなく、兼業の子世代にも受け入れられやすい粗放栽培で手間のかからない永年性作物の選択肢の提案をすべきではないかと思う。平時作業が求められる農業ではなく、随時作業でも可能な果樹花木園経営の提案がよいのではないかと思う。鳥獣被害が予想できる人里離れた山間地の果樹園化は避けたい。野生的花木種の選択肢による共同室の設置や販売ルートの確立を自治体の役割として位置づけたい。中間地や段丘地には果樹園の選択肢があるが、低収益でも花木園化の推奨をしたい。花木園化への一帯化は多目的維持機能強化に加え、景観化、国土強靭化にもなる。子世代や孫世代が随時作業だけに特化できる生産と販売の分離への支援策が必要だ。ＪＡ地域農協等による収穫・採取及び選果から出荷までの一気通貫作業受託体制構築に期待したい。

常陸太田市への意見

コンパクトシティ化と中山間地農業の在り方

２０１８年10月1日投稿

貴市のコンパクトシティ化は国道沿いとＪＲ駅周辺へのコンパクト化以外にないように思う。問題は北部の中山間地農業の方向性の特定化である。鳥獣被害の多い中山間地には高収益化野菜等、農地利用の理想的農業を求めるべきでない。収益が悪くても手間のかからない農業業態の選択肢が必要だ。要は「費用対効果」の問題で高齢化した農家が今、できることは鳥獣被害のない銀杏等果樹や桜等花木苗の新植・定植作業だ。市街地や近郊都市に居住する次世代への農家農業の継承には「通いでもできる農業」業態の継承なら継承者から快く受け入れられる。農家後継者のいない場合でも水戸市からの「通いの農業」での新規参入なら就農しやすい。将来、専業農家になりたい方は子弟の塾通いができる貴市の市街地や国道沿いに移住定住すればよい。旧来からの中山間地耕作放棄地の斡旋であっても、花木園化への兼業・副業による新規参入への容認なら将来、拡大化、複合化がしやすい農業業態だ。新規参入企業を誘致するに際しても参入手段の多様化や参入条件の柔軟化に応える一方、コンパクトシティ化への参入障壁は守り続けたい。

※西隣の常陸大宮市への投稿でなくてよかったと思う。投稿後、常陸大宮市枝物部会が農水大臣賞を受けるほどの花桃等の有名産地であることを知った。中山間地を多く抱える常陸太田市におかれての良きライバルとして常陸大宮市が未だ手掛けていない「山間地の花木園化による先代のない新規参入者誘致」を推進して頂きたい。

行方市への意見

イノシシ対策に想う

２０１８年３月10日投稿　２０１９年９月12日加筆修正

県の事業実施計画に沿った防護柵補助金や捕獲指針によるのも結構だが、受益者負担や貴市の財政負担も大きい。先祖代々、農業で生計を立てている農家に対し、過去にはなかったイノシシ被害への対策費受益者負担を求める国もおかしい。被害や負担に耐えられない農家が栽培を取りやめれば耕作放棄地が増える。たとえ今、高収益であっても次世代が兼業化する場合は野菜栽培に拘っているわけにはゆかない。比較的手間のかからない加工用果樹や花木園化への転換が欠かせない。鳥獣被害の大きい場所から随時、樹園地化への提案をしたい。野生的樹種の選択なら地域おこし協力隊員でも新植・育成作業ができる。広域営農集落等、地域一帯化の景観化を描くことができればボランティアや一般市民の樹園地への維持管理作業への参加も見込める。樹園地化を促すには、採取収穫から出荷までの一気通貫作業受託によるサポート体制も必要だ。サポート体制の整備は果樹・花木園の兼業農家の継承や後継者のいない第三者事業継承をしやすくする。

印西市への意見

土地持ち非農家への中山間地活用へのサポート

2015農林業センサスによれば、千葉県全体の耕作放棄地の50％以上が土地持ち非農家の所有とのことである。農業後継者と異なる非農家農地の活用には、自治体主導での地元農業関係者による耕作放棄地活用への具体的提案と作業受託等サポートが求められる。条件の悪い中山間地には、粗放栽培で手間のかからない果樹花木園化による一気通貫作業受託や、農地バンク借受地へJA子会社等「つなぎの事業者」による「山間地の花木園化、中間地の果樹園化」への土地持ち非農家による初期投資を促したい。花木樹種は「北総花の丘公園」管理者でもある目利き人の樹種選定に任せればよい。但し、果樹園には鳥獣被害を避けた樹種の選択が欠かせない。成園後の採取・収穫・選果・出荷までの一気通貫作業受託体制の整備が非農家による初期投資を促す。

東京都への提言①

製造業専門のインキュベーション施設

２０１９年９月５日投稿

製造業起業準備へ向けた試作品の作業場所がない。シェアオフィスには動力設備がなく、専門製造製作所への依頼では商品の情報漏洩の可能性がある。中古機械の寄せ集めでもよい。産業労働局主導の機械機器を設置した製造業特化のインキュベーション施設の開設を提案したい。試作品なら最新の先端機械でなくても中古機械で製作できる。商工会議所等に呼びかければ、多くの中小製造業の分野・領域から多種多彩な中古機械等が無償提供されるように思う。試作品の量産化への個人の独立新規開業には、量産化へ向けた中古機械付き作業所・工場の包括的・一括賃貸借による起業しやすい開業施設の提供が望まれる。一括賃貸借後の定着や盛業見込みによる日本公庫の開業（事業？）資金融資なら合理的融資となる。産業労働局主導による製造業への

「つなぎの第三セクター」と居抜き貸し工場等、製造業への新規開業者向け賃貸情報提供事業者の育成支援が必要だ。

東京都への提言②

金銭消費貸借から賃貸借での開業へ

２０１７年11月28日投稿　２０１９年9月5日加筆

東京都の開業率は高い半面、資金調達ができず断念する開業者も多い。彼等を埋没させてはもったいない。テナント物件による開業で営業用施設の初期投資が必要な業種に限定し、「営業用施設を全て付加して貸す」一括賃貸借物件を提供したら多くの潜在的新規開業応募者が現れる。業種業態別、規模別、地域別に物件を提供してみれば潜在的開業準備者が今、どんな開業手段を求めているかが把握できる。都は日本公庫等金融機関と提携して、目利き人を抱える「つなぎの事業者」への投融資支援に特化すればよい。自己資金の足りない開業弱者は金銭消費貸借から賃貸借での開業となり「開業しやすく、撤退しやすい開業手段」の提供となるため、万一不盛業により撤退しても再挑戦しやすくなる。ただ、開業率は増えるが廃業率も増える。将来、競争原理による「つなぎの事業者」の淘汰、破綻、新陳代謝があったとしても、開業テナントと建物の大家様との直接契約移行で引き続き営業できる。開業者の経営安全にはつなぎの事業者の転借権事業が譲渡できる法制度への転換も望まれる。

東京都への提言③

東京から地方への移住による就農支援の必要性

２０１８年４月21日投稿

都内には、サラリーマン家庭等の出身で農業の先代を持たない新規就農希望者が多くいると思われます。彼等の内、特別な事情で都内での就農・新規参入でなくてはならない方もいます。その方々への支援に関しては別の機会の課題とさせていただき、本稿は地方への就農・新規参入者支援の必要性について問うこととします。全国各地から毎年多くの人口を受け入れる都は、逆に都を故郷として地方へ旅立つ方々への都独自の支援が求められているように思います。その支援とは全国道府県の就農支援制度の中で、新規参入者にとって特に「就農、参入しやすい制度」を採用している自治体の紹介です。例えば京都の「要請実践道場の継承による新規参入」、長野の「里親農家の媒体による地域への信頼醸成による新規参入」等、自治体独自の特色ある新規参入手段の紹介です。農地の斡旋や研修・実践だけの当たり前化した支援ではなく、「次世代施設園芸の区画ハウス付き賃貸農場」の提供を行う自治体の紹介なら、新たな新規参入手段としての紹介となります。都による全国の先進的新規就農手段の情報提供や都出身の地方で成功した農業経営者の記事は全国自治体間の誘致競争を呼び、地方独自の魅力ある新たな新規参入物件を次から次へと創出するのではないかと期待されます。

東京都への提言④
ネットPRESSへのコメント

２０１９年８月29日記

地方への就農支援に関しては、東京都や大阪府を除く各自治体が競って東京での相談会や催しを行っている。これらの行事を全国知事会から東京都知事へ一括依頼された方がよいと思う。東京都内在住や出身の新規就農希望者の多くは、都内ではなく都外の他府県や北海道への移住による就農だ。東京から地方へ旅立つ住民サービスでもある。東京への毎年の転入に比べれば影響は僅かな転出だ。東京から地方への新規就農者誘致は地方にとっては大変な負担でも東京都にとっては負担は少ない。全国地方から感謝される事柄の一つではないかと思う。地方のために何ができるかの視点が、これからの東京都と「地方に向き合う都知事」としての小池知事に問われる。

東京都への提言⑤

首都東京が「居ながらにして地方のためにできること」

２０１９年７月20日　８月26日加筆訂正

一大消費都市東京が島しょ地域農産品に限定した地産地消を唱えるならともかく、都内全域の地産地消を全国に向けて唱えることには抵抗がある。むしろ全国の地域名産品を都民に啓蒙する消費者目線が求められるように思う。今、地方が都に期待するのは地方との「共存共栄」ではない。地方創生へ向けた都からの「居ながらにして地方のためにできること」を実行してもらうことだ。例えば、全国の道府県がそれぞれ、てんでばらばらに出店している地方アンテナショップを都内複数箇所にまとめて合同出店させ、都の職員の派遣により、運営代行してもらえれば地方からの出張経費等の削減になり、消費者都民にとっては一カ所で多地域・多彩な選択肢が与えられるスポットとして都民サービスにもなる。また、都に集結するインバウンドへの全国地方行脚の出発起点としてのインバウンドサービスとなる。首都東京には「居ながらにして地方のためにできること」がいくらでもある。東京都は全国自治体の一つではない。国の各機関の一翼を同時に担っている特別な自治体である自尊心があってもよい。

国分寺市への意見

都市農家の農業業態選択と継承

２０１８年11月2日投稿　２０１９年10月10日加筆訂正

農地に占める生産緑地比率が高い貴市の農地所有者は、先祖累代の農地を農地として維持継承したいという思いが強い方が多いとのことです。維持継承には次代が継承しやすく、第三者が就農しやすい農業業態への選択や転換が問われます。都市化が進めば進むほど、農地の利活用への選択肢は狭まります。これは都市農業の宿命でもあり受け入れなくてはならない条件です。生産緑地は小規模で飛び地が多く、都市住民と共生できる農業の選択には地域別の営農集落、農地所有者任意団体による制限的、自主的な農業業態の特定化が望まれます。その上で次代への継承や新規参入者等を誘致しやすい具体的農業業態の選択や第三者誘致手段を考えたい。

例えば手間のかかる果樹園とは違い、高収益ではないが定植後の管理がしやすい花木等苗木生産や、切り枝葉物等枝物生産目的の母樹育成です。市内に多い苗木卸業者や植木業者の指導が得られ、成園付き農地なら次代への継承に限らず第三者への賃貸もしやすいのではないかと思います。花木園化は都市の環境緑化にも貢献できる生産緑地の有効活用となります。また、田原市のハウス敷地にみられるようにハウス施設付き賃貸なら更地の倍額の地代でも域外からの新規参入者が借りてくれます。露地野菜の栽培よりハウス花卉園芸の方が都市住民の理解も得られやすいのではないでしょうか。貴市の農業基本構想では新規就農し定着する農業者数を年2人としています。先代のない新規就農者には2年間の研修や実践経験を修了した後、新規参入を希望したとしても継承できる先代がありません。彼等へは農地の斡旋による賃借からのスタートが当たり前と国も地方も思っています。確かに持家の注文住宅同様、自分の好きな農業の選択はできますが多くの新規参入者が農業の厳しさを知らない素人である自覚に欠けていることが問題です。実際に多くの過去の新規参入者が今も債務の返済で苦労されておられるのではないかと懸念しています。

本書による提案は、都市農業業態の特定化が望まれる貴市への「先代からの後継者同等の参入手段の提供」です。自由な農業の選択ができない半面、特定された農業の一括賃貸借による参入しやすい手段の提供と、定着後の施設等譲受による独立就農への回りくどいが合理的支援でもあります。東京都心に近い貴市は全国の多くの自治体に比べ都心からの新規参入希望者を誘致しやすい立地にあるのではないかと思われます。初期投資の必要な施設園芸にあっては新設ハウス付一括賃貸借物件を提供し、収穫までの時間差が長い果樹花木園にあっては後継者のない第三者継承果樹園の改植渡しに加え、新設果樹花木園の一括賃貸借物件での誘致なら新規参入しやすい手段の提供として喜ばれます。先代のない新規参入者の二つの参入障壁を取り除くには、貴市第三セクター又はＪＡ子会社等が「つなぎの事業者」として介在することが欠かせません。3〜5年程度の期間と付加施設等譲渡金額をあらかじめ定め、農地賃借料を含む一括賃貸借条件での参入手段の提供となります。期間内でも新規参入者の経営が軌道に乗れば付加施設等譲渡ができます。従来からの農地の斡旋から始まる先の見えない融資に比べ、金融機関は融資に応じやすく、新規参入者にとっても返済計画が立てやすいのではないかと思います。但し、貴市が新たな新規参入制度を採用するのに際し、「つなぎの事業者」には新規参入者定着までの緊張感、危機感が求められる事業でもあります。

小田原市への意見①

鳥獣被害防止計画に関しての意見

２０１８年9月3日投稿　２０１９年9月27日加筆訂正

貴市の鳥獣被害は果樹・果実へのニホンザル、イノシシからの被害が面積及び金額ともに多くを占めています。手ごわい相手への捕獲等、戦う被害防止対策に並行して、兼業又は兼業化する果樹農家へは既存果樹園の随時改植による花木園化への転換を促したい。特に山林に隣接する山間地からだんだんと耕作放棄地、遊休地が増えており、原野・雑木林化する前に花木園化への改植や新植が必要ではないかと考えます。ただ、果樹園と比べ収益の少ない花木園化への説得には事前の準備が欠かせません。先ずは大田花き市場の花木専門員へ樹種選択のアドバイスを求めたい。市場に近い貴市では特定花木の受託生産や仲買人による良い意味での「枝物の青田買い」の交渉もできる距離内にあるように思います。必要量の採取・室入れによるタイムリーな随時出荷もできる貴市の立地を生かしたい。高齢化している中山間地農家へは庭先集荷もしてあげたなら条件の悪い山間地への苗木の新植に積極的に取り組まれるのではないかと思います。販売ルートの多様化や採取・室入れ・出荷代行サービスは生産農家の後継者だけでなく、後継者のいない第三者継承に際しても継承しやすい環境を与えるのではないかと考えます。

小田原市への意見②

兼業農家継承に必要なコントラクター育成

2019年9月20日投稿　9月27日修正

貴市に多いミカン園等果樹園の継承や相続に際し、どんな支援やサポートをされておられるのでしょうか。専業農家が現在の規模を維持しつつ兼業化、副業化する場合には平時の栽培作業はなんとかできても、収穫、選果、出荷作業へのサポートがないと継承や相続が困難となり、耕作放棄地化してゆくのではないかと懸念されます。JA子会社による作業受託に加え、新規就農者をコントラクターとして育成し、農作業サービス業として新規独立支援するコースも必要なのではないでしょうか。例えば希望者には平時作業が少ない花木園成園を提供し、経営安定に向けた兼業支援をご提案したい。首都東京に近い貴市は世代が変わるたび、主業・専業農家の兼業化・副業化が進みます。貴市の現経営世代には、果樹園の改植による花木園化への転換を含め、次代による農業継承、農地・農家相続への方向性を見据えた早めの準備が求められます。

高崎市への意見

中山間地の花木園化、観光花木公園化

観光産業を重視する貴市にとって、観光地界隈に点在する中山間耕作放棄地を座視するわけにはゆかない。工業生産が盛んな貴市農家が兼業・副業・週間農業に加え「通いの農業」への容認は当然の流れとして受け止めたい。各地の激甚災害は中山間地の多面的維持機能に加え国土強靭化への備えが欠かせない。条件の悪い中山間地に夢や希望を描くことなく、粗放栽培で手間のかからない木本性・永年性花木の新植・定植による切り枝や葉物収入による長期安定的収入を確保したい。花木園なら定年退職後の次世代も「通いでもできる農業」として継承しやすく、参入年度から収穫収入が見込める新規参入しやすい第三者継承物件ともなる。桜等野生的樹種の選択なら果樹木と比べ根張りや保水力に勝り地域強靭化にも貢献できる。当初新植樹種の選択には花卉市場関係者や県の目利き人等のアドバイスを求めたい。将来、貴市の三大梅林（750ヘクタール・25万5000本）のような花木園一帯化による花木公園化をめざしたい。計画地域への貴市が新植した希望樹種は無償提供すればよい。集落への中山間地域等直接支払期間の5年間で花木苗は成木化し、母樹から切り枝等の採取による収穫収入が見込まれる。中山間地域が点から面へと花木園化すれば一地帯50〜400ヘクタール規模の桜林、花桃林やそれら混植林が市内各地に出現し、貴市を取り囲む中山間地は多彩化する。

※花木園とは
農地利用による枝物等生産目的の永年性・木本性樹木の栽培農場をいう。景観化も目的とする場合は切り花や紅葉化する樹種の多用が求められる。

南アルプス市への提言　２０１８年９月１日投稿　２０１９年９月３日加筆訂正

地域おこし協力隊員への新規参入支援

地域おこし協力隊員（以下隊員）の３人が、芦安地域の山間地で鳥獣被害を受けにくいピーマンやオクラなど6種類の野菜を試験的に露地栽培し、この地域で栽培できる野菜を見つけて紹介したとのことである。この地の問題は過疎化に対応できる農業の開発で、定住しなくてはできない農業の開発ではない。新規参入者を誘致したくても、この地が過疎化しつつあることでここへの定住を条件とした新規参入者誘致が難しくなっている。毎年、地起こし種まきからの単年性作物栽培は困難で、収益が低くても粗放栽培で手間のかからない「通いでもできる農業」の選択や開発が必要である。地主農家自身の作業が継続できなくなる前に、その地から毎年、一定の安定継続した収穫収入が得られ、他人に貸しても地代がもらえる永年性作物を新植しておきたい。それは鳥獣被害のない桜、ユーカリ、榊等、切り花、切り枝、葉物等採取の花木園化です。野生樹種は強健で粗放栽培でき、早いもので2〜3年で採取できる。隊員の方々に新植・育成作業をしてもらった苗木は成木化し、任期満了年度から出荷できるものもある。2〜5haの一帯化山間地なら採取・出荷時以外一人でもできる。市街地居住での「通いの農業」で新規参入が容認されれば家族ともども移住しやすい。但し、山間地の地代は割安でも、成木化した果樹木1ha当たり200〜300株の譲受代金は別途用立てしなくてはならない。採取・収穫収入が見える花木園経営参入には金融機関からの融資は受けやすいのではないかと思う。今では新規参入を希望して入隊された隊員の任期満了後の果樹園への新規参入は、後継者のいない第三者継承物件に限られる。新規参入は一般の方々同様、農地の斡旋からのスタートとなる。果樹・花木成園での新規参入を希望する隊員には、入隊時又は入隊から1年以内に新規参入希望登録をすれば収穫収入までの時間差を、入隊中の3年間で成園を譲渡継承手段で継承できる新規参入手段を提供してあげたらと考える。複数の新規参入者向け共同温室施設や集束機設置等の貴市の支援は必要であろう。収穫収入までの期間の長い果樹花木園への参入しやすい手段の提供情報は瞬く間に広がりやすい。隊員の新規参入への最大100万円の補助や、中高年者への年間150万円の生活給付金の支援に加え、貴市独自の新規参入しやすい手段の提供による誘致戦略を構築すべきではないかと思う。

山梨県（山梨総合研究所）への意見①

新たな新規就農制度の制度設計の必要性

２０１９年９月25日投稿　９月27日加筆修正

若い新規参入者を条件の悪い中山間地へ誘致するには、新たな参入支援制度の制度設計が欠かせないように思う。農地の斡旋からの現行新規就農制度では就農から収穫までの時間がかかりすぎて体力を消耗してしまう。既存農業の後継者のない第三者継承手段の提供に加え、新規開設農業の譲渡継承による新規就農手段を提供したらよいと思う。提供者にはＪＡ子会社の他、業態別農業生産法人等、できるだけ最先端農業の提供ができる「つなぎの事業者」による「生計の成り立つ農業」への「つなぎのビジネス化」が必要ではないか。例えば、稲作なら田植え後の参入や稲刈りからの参入があり、果樹園なら苗木の新植直後や成木化途上での参入の他、果実が収穫できる年度での参入もある。但し、上物の稲作や果樹園農業の価値（評価）によって譲渡価格が変わるのは当然の摂理だ。農地バンク以外の農地賃貸借には農業委員会の許可が必要だから、上物の譲渡契約は農業委員会の許可を停止条件とした契約とすればよいのではないかと思う。先代のない新規参入者の体力を消耗させない就農手段の提供による定着率の上昇が今、求められているように思う。

山梨県（山梨総合研究所）への意見②

農業売買流通市場の形成

２０１９年９月26日投稿　９月27日加筆修正

農業譲渡は農作物の生育度に見合った価値や評価があってもよいのではないかとの考えでの発想です。「青田売り」は地代のない稲（収穫予定米）の売買ですが、農業譲渡は稲の成長度の価値による農地の賃借料負担付き「稲作の譲渡」です。緑化樹は「目通り」により建設物価指数として評価されています。果樹木も「目通り」による価値や評価があってもよいのではないかとの考えです。これらの評価（何れ流通による市場評価が定まる）がないと農業譲渡のビジネス化が成り立ちません。但し、それら一団の上物農産物価額は農地賃借料と相関関係にあることも認識したい。上物農作物は生育度に加え、コメの収穫量や果実の出来具合の見立てによっても相違が出てきます。新規ビジネスは当初は売り手市場でも競争原理により成長し、いずれ市場価格ができ、新規就農・参入者側による買い手市場になればと願っています。貴所による農業譲渡契約（約款や標準契約等）の具体化に期待しています。

伊豆市への意見

道の駅を中間拠点とした中山間地再生

２０１８年8月20日投稿　２０１９年10月10日加筆訂正

中山間地の高齢化農家を支え、耕作放棄地への域外からの新規参入者を誘致するには道の駅を中間拠点とした「庭先集荷」と「通いの農業」の業態開発が欠かせません。点在する中山間地高齢化農家から道の駅までの庭先集荷は新規参入者の専任とし、道の駅から都心への出荷は民間事業者による輸送ルートを築きたい。新規参入者の中山間地への移住条件を外すには市街地からの「通いでもできる農業」業態開発が併せて求められます。その農業は手間のかからない「山間地の花木園」、鳥獣被害の少ない「中間地の特用林産樹・茶園」に絞られます。中山間地の庭先集荷を新規参入者に担わせることは、高齢化農家との交流による信頼関係の構築が定着へ向けた規模拡大化への足掛かりとなるからです。今、中山間地再生は難題化しつつあり、先代のない新規参入者の抱擁的受け入れが求められます。天城湯ヶ島IC（現月ケ瀬IC）の開通は東京からの「兼業且つ通いの農業」による新規参入者受け入れもできます。東京への帰り道なら保冷車リースでの集出荷も担わせられます。花卉等農産品は中山間地農家への庭先集荷による大田花き市場への即日出荷ならより鮮度が売りになります。

沼津市への提言

インバウンド対応策について

２０１９年６月19日投稿　10月10日加筆訂正

御用邸記念公園のガーデンツーリズム登録を機に、インバウンドへ向けた市民との協労が求められる。公園自体が素晴らしくても、そこへたどり着く道程の耕作放棄地や遊休地の景観化が求められる。地主や市民の協労での景観化への取り組みが欠かせない。耕作放棄地の地主には果樹・花木園化による景観化を、遊休地所有者には遊休地への緑化への協賛を求めたい。地主には鳥獣被害を減らすウォーキング・トレッキングコース設置等、インバウンド向け景観化は受け入れやすい。成木成園化による新規就農者への農地賃貸もしやすくなる。問題は土地持ち非農家等遊休地の所有者への説得だ。先ずは景観化への自主的樹種の選択での樹園地化を要請したい。樹園地化を受け入れられない場合には市民やボランティアでも定植しやすい低木バラ園等花木園化や野草園化への承諾を得られたい。市民との協労による花壇の創設と開園後の市民による維持管理は貴市の負担軽減化にもなる。インバウンドへ向けた道路や空き地の景観化には今後、費用対効果のある対応策が求められ、市民協労による維持管理が欠かせないように思う。

長野県への意見

信州ワインバレーの早期実現化へのご提案

２０１７年12月12日投稿　２０１９年9月3日加筆修正

貴県の里親制度は素晴らしい。先代を持たない新規参入者にとっての障壁は当初収穫収入までの時間差が長いことです。その間の生活費の負担が参入後の定着率に影響しているのではないかと懸念しています。収穫収入までの時間差のない第三者継承に加え、ＪＡ子会社等「つなぎの事業者」による新規創設農業の譲渡継承による収穫収入までの時間差を短縮化する参入手段の提供が必要ではないかと考えます。農地という箱モノ提供に代わる「新規参入しやすい就農手段」の提供が新規参入者誘致には欠かせないのではないでしょうか。中山間耕作放棄地を現状のまま受け手や借り手を探しても見つかりません。貴県が進めるワインバレーが求める品種の新規ブドウ園の譲渡や、樹木成園付き一括賃貸なら新規参入者にとっては就農しやすい物件の提供となります。農地の所有者自身による苗木の新植投資が理想でも、借り手が未定の段階で積極的新植は望めません。従って苗木の新植、育成、成木化への投資を担う「つなぎの事業者」によるビジネス化が欠かせません。地域の樹園地実勢地代の収入を約束すれば、農地の所有者は3年間程度の成木化までの地代の無償提供に応ずるのではないでしょうか。「つなぎの事業者」は成木一括譲渡利益と地代徴収報酬の二つの収入を見込んだ受け手や新規参入者付けを担うこととなります。果樹木も庭木、緑化樹同様、「目通り」により一本単価も上昇するのは当然です。立地の悪い中山間地の賃貸には「先進の果樹園」創設による農地賃貸条件付成園譲渡による継承での参入手段の提供となります。「農地の所有と賃貸・経営・耕作の分離」や「農地転貸借及び再転貸の適用対象範囲」への拡大化が欠かせません。農地の賃貸流動化と農業譲渡流通市場の形成が求められます。

※「つなぎの事業者」による新規創設農業の譲渡継承

ＪＡ子会社や農業生産法人による農地賃借による農業の新規創設（稲作の田植えまでの農業、果樹園の苗木の活着確認までの果樹苗木育成等）による新規創設農業を農地賃貸借条件を付して新規参入者へ譲渡継承する新規参入手段の提供。農地バンク借受地への第三者への農業譲渡を予定した新規農業の創設は農業譲渡による賃借人移行承諾でよいが、一般の農地賃貸には農業委員会の許可を要す。従って新規参入者等への農業譲渡による移行に際しても再度、農業委員会の許可が必要で、その許可を停止条件とした農業譲渡となる。農業譲渡継承制度で年間の何時でも参入できることとなり、収穫収入まで時間差の長い果樹園等への新規参入や複合化がしやすくなる。

※樹園地実勢地代とは
樹園地を普通畑とは別な賃借料情報として公開している自治体もある。田原市のハウス敷地同様、上物に既存果樹園が残置されたままの農地、果樹園化への承諾ができる農地賃貸料の公開である。

※目通りとは地上1・2mの高さでの幹の外周の長さ。

諏訪市への意見

湖周三市町を横断するモノレール提案

２０１８年10月27日投稿　２０１９年9月6日加筆訂正

三市町が将来の合併に向け、より積極的に取り組むには貴市の主導が欠かせない。先ずは共通の課題の共有と、投資効果が見込める事業への共同作業提案が必要ではないかと思う。提案は諏訪湖を取り囲む自然環境破壊を避け、且つ、費用対効果のある投資提案であることが必要である。工業都市でもある三市町共通の課題はコンパクトシティ化や兼業農業の支援サポートにある。投資効果が見込める諏訪湖を媒体とした観光産業の拡大化には共同作業が欠かせない。私の提案は三市町の中山間地を横断する諏訪湖半周の農業・観光両用モノレール敷設提案である。今計画中（？）の三市町横断道路と比べ、自然破壊を最小限に止め、中山間離農放棄地再生手段による観光客誘致目的への費用対効果は効率的な投資となる。条件の悪い諏訪湖周辺の中山間地での農業は果樹・花木園等永年性作物栽培には適している。但し、兼業農家の多い三市町には果実や切り枝の採取収穫への支援やサポートが欠かせない。中山間耕作放棄地の花木園化は中山間地の多面的維持機能に加え、国土強靭化にも貢献できる景観化となる。尾根へ向かう縦の幹線道との交差地点に加工場、共同選果場、枝物保存の共同室等を設置すれば効率的採取・収穫・選果や出荷ができる。早朝収穫作業の後は観光客の諏訪湖周遊の観光用モノレールとして民間事業者へ運営委託すればよい。中間地からの眺望は諏訪湖を囲む各山頂や尾根からの眺めとは異なる新たな眺望の創出となる。遊休地の花木園一帯化が進めば、諏訪湖上空を横断して山頂に至るロープウェイ設置へのキッカケとなるかも知れない。

①飯田市への提言

市場が求める野生的花木種

２０１８年7月12日第二回投稿文　２０１９年9月12日訂正加筆

年初のＪＡみなみ信州花卉生産振興大会へ来賓として招かれた花卉市場関係者のアドバイスに注目している。「ヒムロスギ、アブラドウダン、マンサク、ヒメナンテンなど、山に普通に生えているものでも売れるものはたくさんある」との具体的例示での野生的花木の選択肢は、中山間地再生への示唆に富んだお話である。鳥獣被害に遭いにくく、粗放栽培で育ち、多面的機能維持にも貢献できる永年性作物栽培なら、市街地からの「通いでもできる農業」ではないかと思う。但し、「通いの農業」への新規参入者誘致には県や農業委員会の容認を得たい。農地バンクの中山間耕作放棄地の一帯化借受地へＪＡ地域農協等「つなぎの事業者」による苗木の新植、育成、成木化作業のお願いができれば譲受継承による就農で、参入から収穫までの時間差が短縮化できる。複合化志向の受け手、定年後の帰農者、先代のない新規参入者は、参入や帰農年度から採取・収穫収入が見込まれ、成園の譲渡や経営委託による新規参入は生活費負担を軽減化し、就農しやすい手段の提供として共感を得られる。花木園の他、過疎化する山間地への「通いでもできる農業業態」の開発が望まれる。併せて「通いの帰り道」を高齢化農家への庭先集荷に貢献できたら営農集落にも「通いの農業」への理解が得られるのではないかと思う。

②飯田市への質問

「山羊」と「金魚」の地場産品化

２０１８年８月29日質問　※２０１９年８月20日現在未回答　９月12日加筆訂正

一、新聞記事で貴市主催の子山羊の入札価格の高さに驚きです。また、ネット上で棚田養魚生産組合のブランド金魚の存在を知りました。地場産品化や観光農場化への芽生えを感じます。何れも中山間地や棚田でもできる農（漁）業であることが重要ではないでしょうか。

二、上記二業態への域内の受け手による複合化での参入は可能でしょうか。域外からの新規参入者誘致には既存農業者・開発農業者双方からの理解と協力が欠かせません。地場産品化への協力や貢献に関し、開発農業者や団体への顕彰をされるのでしょうか。

三、二業態ともに中山間地でできる耕地利用型農漁業です。域外からの新規参入希望者側からは目新しい業態として興味を示されるように思います。誘致には生計の成り立つ「営農収支モデル」、「複合営農モデル」等、提案営業が欠かせないのではないでしょうか。

四、棚田での金魚養殖場や山羊の放牧場には鳥獣被害対策が欠かせません。一団の養殖場化（複数の新規就農者を予定した養殖団地化）や共同放牧場への防護柵等の設置支援や市の管理人常駐支援（いずれ観光農場収入が見込まれる場合）はあり得るでしょうか。

五、将来、中山間地での地場産業として育てる価値がある場合には東京等域外からの動物好きの新規参入者誘致策が有効です。県の里親制度に学ぶ「つなぎの事業者」による譲渡継承による参入手段の提供や支援が有効ではないでしょうか。

六、山羊の乳から作るチーズの生産に関しての県の研究施設はあるのですか。研修・実践や共同生産施設等に関しては県の目利き人の指導を得られるのでしょうか。

愛知県への提言

中山間耕作放棄地への新規参入者誘致策

２０１７年１月10日投稿　２０１９年10月10日加筆修正

住宅産業に半世紀以上携わってきた小生からすれば、就農手段の多様化には注文住宅から建売、分譲住宅、分譲マンションへと進化し、所有と経営の分離による賃貸管理システム（サブリース）へと発展してきた住宅ビジネスに学ぶべきことが多いように思う。

住宅の建売や分譲は持家希望の潜在的需要を顕在化させ、マンションは都市での効率的居住や持家手段を提供した。農業も近い将来、自然エネルギー効率活用の個人新規参入者向け植物工場分譲や区分賃貸も夢ではない。中山間耕作放棄地再生は上物の住宅を果樹木・花木に置き換えるだけの話だ。区画化された分譲敷地や上物の住宅は年月を経てもそのままなら、大きくならない。区画化された農地も住宅の敷地同様、大きくはならないがそこに新植された苗木は年月をかけ成木へとだんだん大きく成長し、果実をつけ、枝物が採取できる。庭園木や緑化木同様、成木化までの「目通り」(地上1・2mの高さでの幹の外周の長さ)等により一株単価が違ってくることが住宅との違いだろうか。勿論、成木化・母樹化までの手間や朽木による減少も予定しなければならない。就農手段をビジネス化してもその支援策が就農者側から共感を得られ、且つ、合理的ビジネスなら住宅ビジネス同様、新規就農者側から受け入れられると思う。国は平野・平坦地での農地の大規模集積化を進めているが、中山間地の再生には別の手立てが求められる。耕作放棄地が増える一方の中山間地の利活用は当県にとっても喫緊の課題ではないかと考える。何れ雑木林化すれば再生への手間が掛かり手遅れとなる。地元の地域農協へなら無償提供してでも先祖伝来の農地を農地として守りたい離農者が多くいる今、中山間地再生は農協にとってビジネスチャンスとも思える。中山間地の内、条件の悪い山間地の再生は一帯開発が必要で、苗木の新植等、初期投資には開発事業者の介在が欠かせない。事業者として山間耕作放棄地を再生し、分譲又は転貸・管理ビジネスとして担えられるのは離農家との直接の付き合いのあった農業法人、地域農協等を傘下に持つＪＡ全農等農業関係団体ではないかと思う。集積化が困難な中山間地へ担い手を呼び込むには「新規参入しやすい就農手段」と「就農手段の提供のビジネス化」による先代のない新規参入者への支援による誘致が必要ではないか。それは住宅ビジネスの建売・分譲の農業への採用・導入ではないかと考える。何れも国家予算を投入することなく「農地転貸借・再転貸借の規制改革」と「つなぎの事業者への投資減税」でできるのではないかと思われる。参入しやすい手段を提供すれば、大都市や他府県に頼るまでもなく、その地域地方の新規参入希望者の他、潜在的就農希望者を呼び込むこともできるのではないかと考える。イチジクの新規参入者に聞いていただければわかることだが、就農への経緯、新規参入決断時の迷いの原因が案外、イチジク専業農家での収穫収入までの三年間の家族の生活費の手当にあったのではないかと推測している。就農資金融資による就農支援は住宅産業での注文住宅の域を未だ脱していないような気がする。就農資金融資による就農制度に代わる「新規参入しやすい就農手段」の採用や導入が求められる。平成28年9月の農林水産統計によれば新規自営就農者の90％超が先祖先代からの継承による就農であり、新規参入者があまりにも少なすぎる。果樹園の先祖や先代の多くは稲作や養蚕等、先祖代々の農業で生計を維持しながら、順次又は随時に果樹苗木新植への転作による果樹専業農家への転換であったと思われる。既存農業から果樹専門の農業への転換にも相当な時間差を要したわけだ。果樹園等の収穫収入までの時間差が長い業態への新規参入者を増やすには先代の身代わり人となる「つなぎの事業者」のあてがいが必要ではないかと考える理由だ。公平な競争を求めるには先代を持たない新規参入者を先代からの継承者と同じスタート台に立たせてあげたいとの思いからの提案でもある。つなぎの役割を担う事業者は住宅ビジネスの建売事業者同様、事業者主導による借受農地の選択とその農地への適地適作物の初期投資による果実等の収穫に至る道筋を拓く初代となってもらうわけだ。初代は継承する新規参入者が少なくても生計の成り立つ「造り売り」・「造り貸し」就農物件を創出し、スムーズな継承をしなければ参入応募者はなくビジネスにならない。就農支援は今、就農給付金等ソフト支援については行き届いているが新規参入しやすい手段や機会の制度設計によるハード支援が中山間地再生には欠かせない。志やスキルがあっても資金手当ができない潜在的新規参入希望者への就農資金融資も三年先の見込み収入より、収穫収入が見える融資の方が金融機関として応じやすい。尚、「つなぎの事業者」には若い新規参入者を呼び込むためのＡＩ、ＩｏＴ化を見据えた先進営農企画が求められる。事業者は「売れる農業」・「借り手のある農業」の企画・創出による提供をしなければならない。「つなぎの事業者」には優秀な人材と地域農協を傘下に擁するＪＡ全農等農業団体が最適格団体と思う。地域農協なら新規参入者への継承・移譲の他、参入者募集期間・参入者撤退後の営農継続の管理運営ができるからだ。ＪＡ全農は既存農家からの委託販売から買い取り再販への転換を国から迫られたばかりなのに、つなぎの事業適格者として新規参入者との一体感、緊張感、危機感を求められることに狼狽もあるかもしれない。これは利権を独占する宿命と考えるべきではなく、離農により減る一方の取引先の確保に欠かせない補填策、増大策への投資による新たな農地サブリース事業として捉えたい。近くに川や水源、電力もなく、且つ、軽自動車しか通れない狭い山道しかない山間地での就農は手掛けられる業態が限定される。幼少の子供の教育を優先したい若い参入者は至近市街地からの通勤でできる農業業態を希望する。果実が実ればクマや猿が出没し、食い荒らされることへの防護柵投資も少なからず予定しなければならない立地だ。こんな条件の悪い場所での新規参入には地代が安いだけではなく、よほどの「新規参入しやすい就農制度」の導入がなければ敢えて参入する者はいない。先代のない新規参入者による参入がなければ中山間地再生は進まない。ＴＰＰが遠のいた今、工業製品貿易立国の日本、大規模化にも世界との限界、果樹園だらけになって稲作の二の舞になる等の意見も出て、それほどまでして中山間地での農業再生に拘り、取り組むべき課題であるのかという議論に戻る可能性のある課題かもしれない。小生が敢えて国家予算を投入することなく個人・小規模の新規参入者誘致に拘るのは、際限のない名誉欲や金銭欲は自然人個人にのみ宿るもので、松下さん、本田さん、企業買収の日本電産社長のような大農業家の誕生に期待を寄せているからかもしれない。その確率を高めるに際し、たとえ個人の参入と淘汰が繰り返されたとしても撤退者が再挑戦しやすい制度設計が併せて構築できたらと考える。

愛知県高浜市への提言

農作業受託体制の構築による農業再生

２０１９年７月20日頃投稿　10月10日訂正加筆

高浜市の農業再生はジャンボ落花生に次ぐ重量野菜の「栽培と収穫・選果・出荷の分離」による生産農家の栽培特化にあると思う。平時の作業でできる栽培特化なら貴市の多くを占める兼業、副業的農家や自給的農家の規模拡大化、複合化による重量野菜の栽培を伸ばすことができる。兼業農家等による農業再生の前提条件は集中労働が欠かせない収穫等作業への受委託体制構築ではないかと思う。高浜総合サービス内への農業受託サービス部門や、農業サービス業として独立を目指す農業大学校での貴市独自のコントラクター育成も必要だ。作業受託体制はこれからの新規就農者のスマート農業化への初期投資を軽減化し、耕作放棄地への新規参入を増やす効果も見込める。これからの都市周辺農業は兼業による新規参入にも応えられる受け入れ体制が求められる。

田原市への意見

ハウス敷地の賃借料に想う

2018年6月1日投稿

貴市公表の普通畑賃借料平均1万9200円に対し、ハウス敷地としての畑の賃借料平均は11万5000円で約6倍です。これを拝見して想うのは中古又は居抜きハウス付き農地賃貸は高く貸すことができるということが実証されています。このことに興味を持つ理由は、実は私の本職は都市の空きテナント物件をオーナー様から借り受けて、内装設備を付加投資し、新規開業者へ転貸する事業だからです。農地の賃貸にあっても、農業の先代のない新規参入者にとってはハウス等居抜き施設付き農地の提供は開業しやすい貴重な物件の提供で、賃貸借実勢相場を大幅に上回ってでも需要があるということです。これは旧来からの更地農地の斡旋や就農資金の融資による新規参入支援に代わる新たな新規参入手段の提供の必要性を示唆しているように思います。このような初期投資支援に止まることなく、新規参入者が田起こしからの春先からに限定した参入だけでなく、田植えや稲刈りからの秋の参入も含め、年中何時でも参入側の希望する時期に参入可能な農業物件の提供があってもよいと思います。また、収穫収入までの期間の短縮化や新規成園の果樹園の提供ができたら新規参入の難しい果樹園への新規参入がしやすくなるのではないでしょうか。常識はずれな提案なのでしょうか。

※ハウス敷地賃借料とは賃借契約後、ハウス敷地として使用する農地の賃借料情報で、現状でハウスが建っているかいないか、解約時に原状回復条件が付いているかどうかについては考慮されていない。中古居抜きハウスが建っている可能性は高いと思われる。解約撤退時にハウスを残すか壊すかは双方で取り決めることが多く、トラブルがあったという話は聞いていない。

（2018年6月8日田原市農業委員会の回答）

※平成28年6月公表の田原市農地賃借料情報による実勢賃借料（10ａ当たり）
田の部平均額1万7600円、畑（普通畑の部）平均額1万9200円、畑（ハウス敷地）平均額11万5000円。

鈴鹿市への提言

遊休地の花木園化による新規参入企業誘致

2019年7月24日記　10月10日加筆修正

傾斜地で農業用水もない条件の悪い中山間耕作放棄地への枝物生産目的の花木園化への問いです。植木と違い毎年、枝物等採取・収穫収入が見込まれる花木樹種を選択し、その苗木を生産され、中山間耕作放棄地へ新植・育成され、成木までの間に農地賃貸借条件を付して、企業へ譲渡し、企業の農業への新規参入を促したい。譲渡後も希望により維持・管理作業を受託されたらよい。地主には県の農地バンク経由で地代収入がもたらされ、花木園譲受企業へは成木化した母樹から毎年、枝物等、採取収穫収入がもたらされる。企業にとっては将来、母樹の大木化による花木園の森林化、公園化によって、CO_2を削減する国内の森林面積の増加に貢献できる。中国は今、植林により年間300万haの森林面積を増やしており、トヨタやイオングループも協賛し、貢献している。地元鈴鹿市の花木園化、森林化への取り組みにはそれら大企業を含む地域有力企業が参入してもらえるのではないかと思う。貴市でも全国同様、耕作放棄地や遊休農地再生への課題があるが、植木産地でもある貴市は全国に先駆け花木苗木の生産への取り組みはいち早くできる。全国花木園化への苗木提供も担ってもらえるように思う。先ずは貴市の条件の悪い中山間耕作放棄地の花木園化に取り組んでもらえたらと思う。貴市の実績により三重県全域の中山間地の花木園化へと取り組んで頂きたい。花木の流通を担う大田花卉市場との連携ができれば、貴市は全国花木園化への指導的役割を担える自治体ではないかと期待している。

高岡市への意見

中心市街地空き店舗対策への具体的提案

２０１９年７月17日一部修正　９月12日加筆

７月15日の『朝日新聞』によれば貴市の中心市街地２５０店舗の内、空き店舗が半分あるという。その内、第三者へ貸してもよい物件が何件あるかはともかく、商店街を再生できる限界値に止まっているように思う。私の事業経験では商業テナント付けには戦術と戦略がいる。貴市の場合、再募集を次の準拠で行うことだ。①貸したい面積そのものを公開するのではなく、その一部５〜６坪程度の区画貸し店舗（物販店・サービス業）として募集する※空き店舗20坪の一括貸募集に比べ当然割高な家賃設定となる→②５〜６坪の業態指定付飲食店（貸主並びに商店街組合の事前協議と承認を得る前提）として募集を行う→③貸主並びに商店街組合の内諾を得た業態で、内装付き飲食店としての家賃設定での募集を行う。内装付き飲食店には商店街組合の支援を得た「つなぎの事業者」の初期投資が必要となる。「つなぎの事業者」はテナントが定着し、内装設備を譲渡するまでのつなぎを担う。内装設備付き契約は一定期間内における譲渡条件と譲渡後の家賃変更条件を明示し、定着後の安定経営へ向けたテナントへの希望と夢に応えるシステムだ。

富山市への意見

「通いできる農業」業態開発の必要性

２０１８年11月8日投稿　２０１９年10月3日加筆訂正

中山間耕作放棄地再生には前提条件として近郊の複合化したいコメ農家や域外からの新規参入者による中山間地への「通いの農業」容認が求められる。「通いの農業」導入には通いでできる農業、通いでもできる農業業態の開発と提供が欠かせない。例えば果樹や花木の苗木の新植から育成・成木化までの期間は「通いでもできる農業」だ。

問題は遠隔監視装置の進化度にもよるが母樹後の鳥獣対策や防護柵等への受益者負担だ。平場のコメ農家による周年農業化には中山間地への果樹・花木園化の選択肢があり、また、未収益期間の補助もあり複合化しやすい。他方、先代のない新規参入者には未収益期間の補助はなく、農業次世代投資育成資金だけでは標準家庭の生活すら維持できない。

貴市固有の支援が必要だ。条件の悪い中山間地への新規参入者誘致には中心市街地商店街の空き店舗支援制度を援用し、店舗付き住宅としての家賃補助や、収穫収入が安定するまでの中山間地への「通いの農業」を容認し、軽トラや保冷車を提供し、帰り道に高齢化農家への庭先集荷を担わせたら如何か。TMO（タウン・マネージメント・オーガニゼーション）「地場もん屋総本店」への集出荷業務請負による報酬を生活費補塡として支給してあげてもよい。集荷を通じ既存農家等との交流ができ、将来の第三者継承につながればと思う。商店街の空き店舗では農産品選果、流通・加工の拠点に加え、直売による兼業、副業化も拒む理由などないのではないか。子弟の教育を優先したい若い新規参入者にとっては中心市街地への移住と中山間地への「通いの就農手段の提供」は受け入れやすい。生計の支援となる兼業副業収入は定着にプラスとなる。新規就農時から新規参入目的での中心市街地空き店舗住宅への移住者が現れる新規就農支援を行いたい。

石川県（レッツ開墾グループ白山：山立会）への提案

昇龍道「アニマルツーリズム」への提案

２０１９年７月３日投稿　９月６日加筆訂正

鳥獣への狩猟等、ハードな対策に加え、アニマルフォト、ツーリズム等ソフトな鳥獣との共生対策も併せて必要ではないかと思う。地主の同意が前提だが、国立公園、国有林に隣接する山間耕作放棄地へ、国有林等へ向けた展望見晴らし台を設置し、そこまでのウォーキング、トレッキングコースを設定すれば少なくともアニマルフォトの設営はできる。インバウンドを含め、観光客には狩猟者等の同行が必要だが、行き交う人が増えれば鳥獣はひきこもる。少なくともコース沿いは鳥獣対策にもなる。

提案に対する回答　（山立会　２０１９年７月５日山本様からの回答）

近年、全国的にシカ・イノシシによる農業被害が増えており、対策として駆除の話題ばかりニュースに取り上げられ、ご指摘の通り共生についても考えていく必要は感じています。ソフトな対策として、アニマルフォト、ツーリズムのご提案をいただきましたが、よく国立公園などにあるビジターセンターがそういった普及の役割を担っているかと思います。例えば、私の住む白山市では、中宮ビジターセンター・市ノ瀬ビジターセンターという施設があり、動植物の展示解説や周辺には散策路があって運が良ければサルやカモシカに出会えることもあります。また、ブナオ山観察舎という施設は、11月～4月の間のみの営業ですが、対岸５００メートルの斜面に現れるクマやカモシカを観察できる施設となっています。私共は民間であり、ツーリズムを実施するとなるとそれなりの参加費をいただく必要があるのですが、行政が上記のようなサービスを無償で提供しているため、民間事業としては実施が難しいかと考えております。野生動物と人との共生ですが、シカやイノシシが増えすぎて、一方の中山間地は過疎高齢化しているので、人が獣に負けて山から追い出されている状況です。林業や狩猟などで、もっともっと山に入っていく必要があると感じています。野生動物はなかなか見られるものではないですが、そういった中山間地の現状を案内するツアーなら当社でもできるかもしれませんね。

小生から首相官邸に対する意見

2019年7月4日　9月6日加筆訂正

環境省の国立公園満喫プロジェクトではエコに徹し、アニマルツーリズムへの発想がない。過疎地でのシカ、イノシシ被害が増えており、ソフト対策・インバウンド誘致策としてアニマルフォト、ツーリズムを推進したい。例えば石川県白山市の国営中宮、市ノ瀬ビジターセンター施設をコンセッション方式で民間へ委託したなら、公園内の散策路への参加費徴収が必要だが、サル、シカ、クマ等に出会えるかもしれないとの情報提供がある。

金沢市への意見

観光都市金沢の付加価値化

金沢市を観光地として広域化、雄大化させるには市内の中山間耕作放棄地の樹園地化による景観化が問われる。樹園地化とは離農家による果樹・花木園化で、苗木の新植から成木化まで何年もかかる。果樹園に関しては鳥獣被害対策へ向けた樹種の選択が必要だ。切り枝採取の花木園化なら水のない急傾斜地への粗放栽培もできる。樹園地化に際しては果樹園を景観として捉える甲州市や花木園を花見山公園として一般に公開されている福島市の花木農家を参考にしたい。

果樹園の景観地扱いは個々の園主に常時手入れの緊張感をもたらし、花見山公園は自治体にとっては初期投資のいらない民営の観光公園となる。鳥獣被害の少ない銀杏園や粗放栽培できる切り枝採取の花木園なら次世代への農業の継承や条件の悪い中山間農地の相続も受け入れられやすい。高収益でなくても安定収入が見込まれれば次世代継承者は第三者への作業委託や賃貸もできる。花木付き樹園地の賃貸は先代のない新規参入者にとっては参入年度から収穫収入が見込まれ参入しやすい。特用林産樹種や野生的花木は根張りも強く、中山間地の多面的機能維持や国土強靭化へも貢献できる。

但し、山形の啓翁桜や茨城の花桃のように切り花として安定した出荷ができる樹種の選択には県の目利き人や花卉市場の専門家の意見を仰ぎたい。条件の悪い山間地から中間地へと花木園化が広域化すれば、福島市の花見山公園の景観があちこちにできることになる。貴市の中山間地集落がそれぞれの樹種を選択し、地域の一帯化による個性ある生産花木園が山林と融合すれば湯涌温泉や医王山県立自然公園の紅葉に加え、春の花見や秋の紅葉も一層楽しめる一大山岳公園へと雄大化するのではないかと思う。

福井県農業再生協議会への提言

中山間地の花木園化による企業誘致

福井県の中山間耕作放棄地再生のための対策は「花木園化による企業誘致」に絞られてきているように思う。条件の悪い中山間地への農地の斡旋による誘致には限界があり、農地バンク借受地へ強健な野生的花木樹種を選択し、「つなぎの事業者」選定による苗木の新植と育成から成木化の間に、農地賃貸借条件での対象樹木の一括譲渡継承で地元企業による農業への新規参入を促したら如何か。20年間程度の花木園経営後は樹木の大木化により、景観化・森林化し、公園化への転換も期待したい。農地と樹林の民間保有による市民公園化は、企業にとっては地球温暖化や国土強靭化への社会的貢献投資として企業評価が高まるのではないかと思う。

福井県高浜町への意見

貴町の鳥獣対策に想う

２０１９年6月20日投稿　未回答　９月10日加筆訂正

鳥獣対策へハードな対応を講じておられる貴町の皆様方のご苦労をねぎらいたい半面、アニマルフォト、ツーリズム等へのソフトな発想も必要ではないかと思う。四方の山間地を眺められる展望台へ望遠カメラを設置し、観光ルートへの日本人観光客やインバウンド誘致も同時並行して導入されたら如何かと思う。展望台までのウォーキング、トレッキングコースに人々の気配を感じさせることも鳥獣被害対策の一助となるのではないか。観光客等、人が増えれば動物は減り、鳥獣被害対策ともなる。ただ、動物が減りすぎると観光客は少なくなり、観光客誘致対策が必要となる。いずれにしろ、鳥獣への対応対処が町の将来の方向性への話題や課題となるなら結構なことではないかと思う。費用対効果の予測範囲内での投資ならアニマルフォト、ツーリズムへの仕掛けとして無駄にはならないと思う。

米子市への提言

企業誘致と兼業農家への支援サポート

２０１９年７月19日投稿　７月22日修正加筆

工業用地整備による企業誘致を推進する貴市の農業は益々兼業化を加速化させる。企業誘致は地方創生に欠かせないが併せて兼業化農家の維持・継承への支援やサポートも必要だ。兼業化しても農業所得を減少させない支援サポート策をご提案したい。

その一つは手間のかからない農業業態への早期転換を現経営世代に促すことだ。二つ目は一時期に集中する植え付け等重労働、収穫等集中労働への農作業受託サポート体制の整備ではないかと思う。手間のかからない農業とは「一年一作」の果樹・花木園等への樹園地化だ。苗木の新植から育成母樹化までに少なくとも2年から数年かかる。条件の悪い中山間地には比較的粗放栽培でできる加工用樹種や鳥獣被害のない花木園化への選択肢が求められる。また、毎日の出荷作業が必要な軽野菜栽培や施設園芸の経営は兼業では難しい。従って平時は比較的手間のかからない重量野菜種の選択と栽培特化へのマニュアル化による作業受託サポートが必要だ。兼業農家は選果・出荷等共同作業への参加が困難であり、機械化スマート農業化への投資も期待できない。ＪＡ子会社等による採取・収穫から出荷迄の一気通貫作業受託体制の整備が必要不可欠だ。小回りの利くコントラクターへの新規参入者育成も地域に欠かせない人材となる。作業受託体制の構築は高齢化農家の農業の維持継続、兼業農家の次代へのスムーズな継承に加え、域外からの兼業による新規参入者を増やす波及的効果も見込めるように思う。

島根県への意見

中山間地再生への「つなぎのビジネス」

２０１８年４月３日　２０１９年９月12日加筆訂正

貴県の中山間耕作放棄地再生には「地域資源活性化型コミュニティービジネス」が必要です。ここで言うビジネスは耕作放棄地の利活用による「中山間地の樹園地化による新規参入者誘致」へのつなぎの農業投資ビジネスです。条件の悪い中山間地の活用には担い手不足を前提とした農業の選択肢が求められます。その農業は①鳥獣被害に遭わず、②傾斜地での粗放栽培ができ、③通いでも可能な農業の選択です。その業態は「山間地の茶園・花木園化、中間地の果樹園化」で、目的は樹園地賃貸借による新規参入者誘致です。樹園地化とは、かつて住宅産業における持家手段として採用された事業者主導の建売住宅に相当する果樹・花木園等成園の譲渡継承事業です。先代を持たない新規参入者は農地の賃借等初期投資に加え、参入から収穫収入までの生活費の手当が必要です。一年以内に収穫を迎える野菜と違い、収穫収入迄三年から八年もかかる果樹花木園等への参入など希望したとしても叶えられません。そんな彼等に育成中の樹園や収穫が見える成園を提供するのが「つなぎの事業者によるつなぎのコミュニティービジネス」です。例えば苗木の新植から成園となるまでに三年かかる果樹園なら、研修を終えた新規参入者は自身が希望する時期に譲受代金と樹園地賃借料を支払えば何時でも参入できるわけです。県には目利き人による樹種の選定やつなぎの事業者への支援に加え、都市からの新規参入者へ早期移住を求めず、至近市街地からの通いの農業や定着となるまでの兼業の容認等、新規参入条件の緩和策が求められます。

松江市への意見

半農半Xによる新規参入支援

２０１９年６月26日投稿　10月10日加筆訂正

貴市がエリート就農の認定新規就農者と同等に半農半Xによる新規就農を真正面から迎え入れていることは素晴らしい。問題はその支援が助成金や融資支援に偏っていることのように思う。認定新規就農者と違い、初期投資融資枠支援が限られる兼業就農者へは、①中古ハウスの斡旋、新設ハウスの小規模分割貸施設の提供による初期投資の軽減化、②採取収穫までの時間差をなくす柿園の成木化成園の提供、③重量野菜等の収穫・選果・出荷までの一括作業受託サポートによる栽培への特化等、兼業就農者が新規参入しやすく、規模拡大化しやすい支援やサポートの提供を行うべきではないかと思う。勿論、初期投資負担の軽減化にあっては新規就農者が定着後、ハウス施設買取や成木の譲受に伴う包括的賃借料の軽減率の明示等、安定経営に向けた目標や希望を抱ける賃貸借契約への工夫が欠かせない。新規参入しやすい手段の提供や参入後の集中労働への作業サポートは兼業就農者側から共感を得られる。助成金等への甘えは定着への障害となるが、施設等包括貸しや成木付き一括賃貸借は自己資金の負担が少ない分、包括的賃借料の負担が大きく、経営への緊張感を抱かせ、かえって定着への礎となるのではないかと思う。

京都市長への手紙

京都市のインバウンド対応策

２０１９年６月６日投稿　９月６日加筆訂正

旧市街地の京町家がだんだんなくなってゆくのは忍び難い。だが、先祖累代の資産を継承し、活用し、換金したい地主のそれぞれの思惑も理解してあげたい。市長の提唱する三つの分散化には市民と観光客双方から共感が得られる対応が望ましい。併せて費用対効果のある対策としたい。市が過疎化しつつある地域を含め、郊外に用地を確保し、そこへ取り壊し予定の京町家を移築し、保存を兼ねたインバウンド専用の低層宿泊施設として提供したら過疎地の再生ともなる。外国人観光客からも歓迎される場所となる。跡地の地主やホテル等受注事業者には移築費の一部負担をお願いしたい。明治村の良い部分にも学び、懐古映画館、銭湯、田舎芝居の舞台、カラオケ飲食街等、夜も楽しめる独自の娯楽施設の発想が求められる。完成後はコンセッション方式で民間事業者へ運営委託したらよい。日本各地から伝統ある祭事を招致し、各種イベントを随時催し、外国人向けの日本文化宣伝の場としたい。日本観光を通し、外国人旅行者同士の触れ合いの場としての提供は、京都を興味深い滞在場所として世界文化交流の中心にすえる効果をもたらすように思う。

6月6日（8月26日一部修正）

※京都市長の提唱する三つの分散化

オーバーツーリズム（外国人観光客急増による地元への弊害が起きる事態）に対する京都市の取り組み。

一、時間の分散：混雑する観光場所の朝観光の推進
二、場所の分散：混雑の激しい場所からのそこ以外への分散
三、季節の分散：混雑の春・秋以外の季節への観光客呼び込み策

栗東市への提言

中山間耕作放棄地と山林の融合による景観化

貴市の中山間耕作放棄地の再生は隣接する民有林との融合による花木園化へのご提案をしたい。花木園化とは鳥獣被害のない桜、珊瑚閣モミジ等切り花、切り枝等の枝物生産や銀杏等特用林産樹種の新植・育成による成園化です。点在する中山間耕作放棄地と無立木私有林の景観化への樹種の選択肢が問われます。貴市の地域別推奨樹種による花木園化には苗木の無償提供が求められるでしょう。新植、定植、育成作業にかかわれない土地持ち非農家等地主へは花卉目利き人管理下での地域おこし協力隊員による作業受委託でも可能な作業です。成木後の母樹管理を含め、採取・室入れ・花卉市場への出荷も地域のＪＡや花卉流通事業者への一貫一括作業受委託で生産者へのサポートをしたい。生産や栽培特化なら兼業農家でも参入しやすい。たとえ低収益でも手間がかからず長期安定収入が得られるなら農業の継続や農家の継承もしやすくなります。貴市の山間地、民有林への花木園の点在は人工林・天然林と融合した多彩な景観化を醸し出すように思います。中山間地と山林に関わる方々の人的融合には貴市職員の介在による融和が欠かせないのではないかと考えます。

（滋賀県）高島市への意見

棚田の樹園地化に想う

２０１８年12月頃の投稿　２０１９年10月10日加筆訂正

鵜川集落が棚田の樹園地化に踏み切られた決断を評価したい。全員一致が欠かせない集落の将来は明るい。棚田の石積を崩さない樹園地化への創意工夫がいる。石積から一定の距離を空けた苗木の定植とその場所の有効活用を見出したい。石積を背負った半日蔭地は冬でも暖かく、うどやミョウガ等の野菜や千両・万両のような正月用花木栽培を試みたらどうかと思う。次の世代が兼業で継承しやすい農業、土地持ち非農家でも賃貸しやすい農地の相続でありたい。「鵜川果樹生産振興協議会」の安定へ向けた組織化への発展を期待したい。

問題は鳥獣被害対策へ向けた心構えが必要なことだ。国や地方は一般の補助金同様、鳥獣防護柵等に対する補助にも受益者負担を求める。遠隔監視管理機器の進化にもよるが、当初防護柵の腐食、撤去取り換えを予定した生垣として、鹿も食しないとされる花木ユーカリの植栽を提案したい。ユーカリは切り枝・葉物として出荷できる。畦畔には果樹木への陽光への影響を避けた場所へ桜・コブシ・花桃・南天・榊等、切り花・切り枝・葉物の定植を提案したい。愛知県稲沢市祖父江町の銀杏は伊吹おろしに対する防風林として植栽した、たった一種の成木から名産品が採取され、黄葉の観光化もなされている。貴市の中山間地の樹園地化が琵琶湖を囲む全ての自治体の中山間地の果樹・花木園化へと波及すれば、琵琶湖畔や周航船からの景観は一段と変わるのではないかと想う。

大阪府への提言

ブドウ園化による新規参入者誘致

２０１７年10月31日投稿　２０１９年９月６日加筆訂正

当地名古屋の『中日新聞』で大阪府の「ワイン王国復権」の記事を読んでの意見です。ブドウを地産地消にしたいなら府内にブドウ畑を増やすことです。今、全国で中山間耕作放棄地の増加が懸念されています。大阪府でも中山間耕作放棄地再生への課題を抱えておられるのではないでしょうか。立地や条件が悪く、大規模集積化できない中山間地を離農地のままの状態では受け手も担い手も現れません。大事なことは大阪府が新たな予算を投入することなく中山間地再生をすることです。中山間地を農地として利活用するにはブドウ苗等果樹苗木を新植し、育成し、成木化までに新規参入者へ譲渡継承して地代をもらうことです。成園の譲渡なら参入年度から収穫収入が見込まれます。新規就農者の多くが先代からの継承による新規自営就農者である中、先代を持たない新規参入者が毎年、全国で3500人ほどいます。中山間地の新規果樹園を彼等に農地賃貸借条件を付して譲渡継承してあげることです。先代のない彼等にとって新規参入しやすい手段の提供として共感を得られます。ご存知の通り、ブドウ園等果樹専門農業への新規参入は苗木の新植から果実をつける成木化までの期間が長く、その間の生活費が必要な若い新規参入者には参入できない領域です。参入希望者がいないのではなく、参入を最初からあきらめている農業業態なのです。今の農業への独立、新規参入は就農・参入資金融資や農地の斡旋からの就農制度で、半世紀以上前の注文住宅による持家の域を未だ、脱していないように見えます。農業も住宅産業の進化発展における事業者主導の建売、分譲や売り建てに相当する農業物件の提供による新規参入手段の多様化が、潜在的新規就農希望者層を顕在化させるのではないかと思います。

兵庫県への意見（よろず支援拠点）
製造業への新規開業支援

2019年8月22日投稿　9月5日加筆

貴県のよろず支援拠点の設置は起業家に向けた非常に前向きな支援体制です。飲食店開業への厨房設備付き貸店舗はいくらでもあるのに、製造業への起業家向け製造機械付き作業所が市場に見当たらないことを疑問に思っています。

①製造業は多岐多彩な業態がありすぎて、特定業態の起業家向けの設備・機械・機器が見つけにくいのでしょうか。
②先進的デジタル製造業向け中古機械はないのでしょうか。従って、動力付き作業所の賃貸物件提供が限界なのでしょうか。
③東北被災地製造業への全国からの中古機械提供支援による営業の再開はアナログ

製造業だから効果的支援となっただけなのでしょうか。

貴拠点には生産技術者出身のコーディネーターもおられますので、独立開業したい個人起業家からの「製造機械設備付き一括賃貸借作業所・工場」への要望や希望自体の存在や実際の需要の有無を含め、今後の取り組みの必要性の可否をお尋ねする次第です。現在の日本の製造業への個人の新規・独立起業支援制度の在り方、方向性への疑念によるお問い合わせです。但し、小生は製造業に何等の知識や関係の無かった者につき、素人の質問としてお受け止め頂きたい。従って、敢えてご回答を求めるわけではありません。

☆回答を求めない表記問い合わせに、担当コーディネーターから丁寧なご回答を頂き、専門外の事柄への知識が得られ、感謝しています。

神戸市への意見

新規参入者への初動支援

２０１９年９月12日加筆修正

ネットで若い貴市農政部職員二人が語る「北区で農家になる3大メリット」での都市部からの「通いの農業」提案は、就農しやすい手段の提供として捉えたい。「通い」にはそれぞれの事情や目的の相違により隔日、週一、月間、不定期等通い方の選択肢がある。全国自治体の就農支援関係者には特に通いでなければ参入し難い中山間地への「通いでできる農業業態」の具体的提案や新たな業態開発を求めたい。併せて「通いの帰り道」の有効活用を考え、行政が具体的行動の繋ぎの役割を果してもらいたい。例えば点在する集落への庭先集荷による道の駅、直売所への即日出荷を担ってあげたら高齢化農家には喜ばれ、通いの農業への理解も深まる。また、地域農協からの委託で鮮度が求められる農産品に限定した戸別集荷と卸市場、花卉市場等への即日出荷を請け負えば、新規就農者の収入補塡となり定着しやすい。将来、農協による保冷車の提供もあり得る。市民の現住地での定住による新規参入に加え、域外からの新規参入者に対しても便利の良い都市部への移住定住による「通いの農業」の受け入れは先代のない若い新規参入者から歓迎される。市の支援や制度の進化によっては大阪府の准農家制度を超越し、大阪府を含む他府県からの新規参入が見込まれるのではないかと思う。

三田市への意見

兼業農家の継続継承へのサポート

２０１９年９月12日加筆修正

新聞報道によれば、熊野市の定年退職者有志が中山間耕作放棄地で「甘茶」の栽培に取り組むとのことです。採取収穫収入まで3年もかかるとのことで本日、その間のつなぎの収入提案をしたところです。収穫までに時間のかかる甘茶等樹園地経営は退職金や年金で生計が維持できる方の他、農外収入で生計が成り立つ兼業農家なら複合化での取り組みもできる農業業態です。農地バンクによる平野・平坦地の大規模集積化が進捗する一方、条件の悪い中山間地等の耕作放棄地化が増えています。兼業農家による樹園地化への新植、育成、成木化までは随時作業でできても、兼業農家へは採取収穫・選果・出荷作業や一気通貫作業受託体制が欠かせないことです。ＪＡ子会社やコントラクター等によるサポート体制が整備されれば、中山間耕作放棄地の樹園地化による兼業農家の規模拡大化もできます。随時作業で可能な比較的手間や技術を要しない加工用果樹園への提案や、鳥獣被害のない銀杏、山椒の他、切り花等枝物採取の花木園化への提案もあってよいのではないでしょうか。低収益でも「兼業且つ通いでもできる農業」業態と受委託作業のすみ分け定型化は、大阪や神戸に多い「先代を持たない若い新規参入者」から独自のサポート体制として共感を得られるのではないかと思います。

養父市への意見

先代の身代わり人

2017年6月20日投稿　2019年9月6日訂正追加

貴市の富有柿等果樹園の専業農家になるには、先代からの継承による新規自営就農しかない。今、大阪や神戸市等大都市在住の農業の先代を持たない新規参入希望者には、後継者のいない果樹園の移譲による参入機会以外に新規参入手段はない。苗木の新植から果実の収穫まで何年もかかり、その間の生活費が捻出できないから新規参入自体をあきらめている。

果樹園への新規参入者がいないとの認識は捨てたい。貴市の場合、EPLが事業主体として中山間耕作放棄地を転貸借条件を付して借り受けし、目利き人が選択した樹種の新植、育成を地元営農集落へ栽培委託し、成木化への過程で新規参入者へ一括譲渡継承による誘致をすればよい。一括譲渡と同時に借受農地の転貸借契約（農地バンクとの契約への移行を含む）を締結することとなる。柿等果実の収穫収入が見える就農資金融資には金融機関も応じやすい。先代のない新規参入者からはＥＰＬ等「つなぎの事業者」は先代の身代わり人として歓迎され、共感を得られる。条件の悪い中山間地でも参入年度から果実が収穫できる樹園地は田んぼと同じ地代が得られるかもしれない。事業当初は個人の新規参入者を優先して頂きたいと思う。

※ＥＰＬとは中山間地農業の改革拠点として国家戦略特区に指定された養父市が全額出資で設立した地域公共会社で、地域の経済再生及び活性化に関する農業生産・販売事業等ができる。

※養父市には多くの企業が協賛参加しており、農業経営に加え、新規参入者支援の「つなぎの事業者」として介在していただければと思う。

庄原市への意見
「中山間地域の農業振興」への危機感

２０１９年８月８日送信　９月12日加筆訂正

本年２月３日の貴市篤農家安永様から『日本農業新聞』への投稿が気がかりである。条件の悪い中山間地での農地を維持するための農業の選択肢は難しい。貴市の農業は中山間地域農業としては今、活力にあふれている。但し、全国中山間地同様、次の問題点への早期対応が問われているのではないだろうか。

一、農家の継承
後継予定者の現況や事情に合わせた現経営世代による継承しやすい農業業態への転換が必要ではないかと思う。農業の継承より農家の継承を優先したい。

二、山間地の花木園化

鳥獣被害の増加等条件悪化気配の山間地へは食用作物に拘る段階ではない。枝物・葉物等、嗜好品生産目的の花木園化への業態転換をご提案したい。強健で比較的手間のかからないユーカリや花桃等、地域にあった野生的樹種の選択肢による苗木の新植・育成・成木化作業に取り掛かってもらうべきではないか。都市との交流を深める景観化や防災強化への波及的効果も期待できる。花木園の平時の維持管理作業なら後継者による兼業且つ「通いの農業」でもできる。枝物等産品の流通経路開拓で個人や企業の新規参入誘致もしやすくなる。

三、兼業農家からの作業受託体制の整備

兼業農家の継承や主業農家の副業化にはＪＡ子会社等による定植作業、採取・収穫時の集中する労働への作業受託等、支援サポート体制整備が欠かせない。安永様の六次産業化提案とは方向性が異なるが、兼業農家でも栽培に特化すれば規模拡大化や複合化できる作物の選択肢を提示したい。栽培作業への特化へのマニュアル化は兼業による新規参入をしやすくする。

四、集落集会への職員派遣

全員一致を旨とする農作物の特定化等集落集会へは、市や地域農協の職員派遣によるアドバイスが欠かせない。中山間地直接支払制度から20年も経過したのに、作物の特定化もできないまま、集落崩壊による原野・雑木林化させたくない。

※追記（「農ledge」へのコメント文）

高齢化した集落には中山間地直接支払制度がいつまで続くかわからない、作業がいつまで続けられるかわからないという危機感を全員で共有したい。特に傾斜の強い山間地から枝物の生産をしている山形の啓翁桜や福島の東海桜等野生的花木種の選択による花木園化に学びたい。粗放栽培で手間のかからない強健な永年性作物を選択し、集落全員一致による苗木の新植を急ぎたい。老齢者の多い集落は市当局と相談し、県の目利き人指導下で、地域おこし協力隊員への新植・育成作業委託による花木園化もできる。

耕作放棄地の増加を食い止めるには兼業農家の継承が欠かせない。継承には現経営世代による「継承しやすい農業業態」への転換や選択肢が問われる。継承世代の諸事情に合わせ、転勤時でも少なくともJA等への作業委託費用が捻出できる農業業態への転換が必要だ。茨城県奥久慈枝物部会の会員109人の多くが定年退職者であり、定年3年前に苗木を定植しておけば定年後から採取収穫収入がある花桃に着目していることは驚きである。農業目利き人による「兼業且つ通いでもできる農業業態開発」や「栽培と収穫出荷の分離」に向けた受委託作業範囲の拡大化サポートが求められる。

香川県への意見

中山間地への「通いの農業」の業態開発

２０１８年５月24日投稿　２０１９年８月27日加筆訂正

瀬戸内海沿いに多くの市街地があり、比較的中山間地への距離が短い貴県には「通いの農業」というより「通いでできる農業」の業態開発による新規参入者誘致をご提案したい。兼業に加え、「通いの農業」への新規参入条件への緩和は参入への窓口を広げ、先代を持たない若い新規参入者から参入しやすい機会の提供として共感を得られる。平野・平坦地への新規参入とは違い、農地集積化や集約化が困難な上、傾斜畑地への栽培作物は限定される。従って条件の悪い中山間地への誘致は従来からの農地の斡旋からの誘致には馴染まない。そんな中山間地への新規参入者誘致には初期投資負担の軽減化、収穫収入までの時間差の短縮化に加え、市街地での定住の継続、域外から貴県内の至近市街地への移住による「通いの農業」の容認は東京や大阪の大都市からの新規参入者にとっては歓迎される。子供の塾通いを最優先したい若い新規参入者には過疎地への移住・定住条件は受け入れがたい。「通いの農業」の容認は県内・域内の市街地に現に居住している潜在的新規参入希望者を顕在化させる効果も見込まれる。大規模集積化できない中山間地でも農地バンクによる段々畑や棚田の一帯化借受ならできる。そこの山間地には鳥獣被害の少ない銀杏や栗の苗木を、中間地には果樹苗を新植、育成し、棚田との複合経営で且つ「通いの農業」容認による新規参入者誘致が可能か否かの問いの提案である。

松山市への意見

果樹園農家継承へのサポート

貴市の農業産出額の50％を占める果樹園の継承には貴市とＪＡによる継承へのサポートが欠かせない。地方都市に多い兼業農家の継承に加え、主業農家の副業化継承、専業農家の兼業化継承を含め、後継者の事情に配慮した柔軟な対応が親世代に課せられる。貴市にはこんな親世代の悩みを共有し、悩みに応えるサポートを求めたい。親世代は現在農業の継承に拘ることなく農家の継承を優先したい。それには後継者に受け入れられる農業業態への転換や選択肢が求められる。大規模集積化できる平地は農地バンクによる借り上げで地代収入が見込まれ、農地継承に問題はない。問題は条件の悪い中山間地農業や点在する小規模生産緑地の継承だ。例えば中山間地のミカン園の兼業による継承には「生産と販売の分離」、具体的には「栽培と採取収穫・選果・

出荷の分離」による随時作業でできる栽培への特化が少なくとも必要だ。受託作業の拡大化を目指すＪＡ等による一気通貫作業受託や買取再販支援に期待したい。但し、随時作業にも個々の限界があり、手間のかからない花木園化への改植も選択肢としたい。花木園化による継承に際しても「母樹の維持管理作業特化と採取収穫・室入れ・出荷の分離」が課題となる。花木園化は果樹園と調和した都市計画としての観光公園化を目指したい。

近づけば遠ざかる野生動物

（徳島県）三好市への意見

2019年5月10日頃　10月10日加筆修正

計画の実行に際し、様々な変化が想定される場合には「手段の目的化」、「手段と目的の入れ替え」として柔軟に対応したい。貴市の究極の目的はコンパクトシティ化にある。過疎化しつつある営農集落への農業再生（目的）は、押し寄せる野生動物を逆手に取ったアニマルツーリズム（手段）への奇策も時に欠かせないように思う。過疎地対策は最小投資による最大効果を狙った道筋を描きたい。問題の山林と山間耕作放棄地の緩衝地帯には、鳥獣被害が避けられ、且つ、景観化となる桜や花桃等花木園化による枝物生産手段への選択肢がある。点在する営農集落が広域花木園化すれば民間花木公園化（手段の目的化）も夢ではない。緩衝地帯を結ぶウォーキングコースから四方を眺められる物見山に望遠監視施設を設置すれば何れかの方角に野生動物が見られるのではないか。四季の花木や既存自然林の紅葉への観光が主目的になれば、アニマルツーリズムは派生的、付随的観光手段と位置付けられる。野生動物は人が多く近づけば近づくほど遠ざかる。観光客が増えれば増えるほど野生動物は見られなくなり、本来の農業の再生がしやすくなる。観光客が減ってくれば野生動物は近寄ってくる。それでも花木園なら「通いでもできる農業」として継続・継承できる。

熊本県への意見

国土強靭化へ貢献できる農作物の選択肢

２０１８年８月２日投稿　２０１９年９月６日追加訂正

地震や風水害の多い貴県の中山間地再生には多面的機能維持に加え、国土強靭化へ貢献できる作物の選択肢が問われているように思う。中山間畑地には現在の県産花卉類と違う、収益性が低くても鳥獣被害がなく、粗放栽培できる野生的花木種を選択し、花木園化して、「通いでもできる農業」として域外からの若い新規参入者を誘致したい。花木園化とは農地バンクによる中山間耕作放棄地の借受地へ、ＪＡ子会社等が苗木を新植、育成し、成木化までの間に育成中の中木や成木を新規参入者等へ一括譲渡し、同時に農地バンクとの樹園地賃貸借契約へ移行する「つなぎの事業」を言う。「つなぎの事業者」による成木化までの時間差の短縮化は新規参入しやすい手段の提供となる。問題はむしろ域外からの「通いの花木園経営」を受け入れてもらう地元農家の理解が必要だ。「通い」にはそれぞれの「帰りの道順」があり、この帰り道を地元高齢化農家への庭先集荷で道の駅や花卉市場等への即日出荷を担ってもらうことだ。あえて「通いの農業」を容認した新規参入者に担わせることに意義がある。新規参入者側にとっても参入初期の安定収入となり、定着しやすくなる。地元農家や高齢化農家から喜ばれることをやれば、忙しい枝物等採取収穫時への作業協力も得られやすい。

中山間耕作放棄地の樹園地化と兼業農業へのサポート
（熊本県）菊池市への提言

農業を「儲かる農業」として讃えることも必要だが、条件の悪い農地には「粗放栽培で手間のかからない農業」としての捉え方も必要だ。また、桜や銀杏等花木を景観化資源・観光資産として捉えるだけでなく、切り花や果実の農業生産資源として捉えたい。生産手段による景観化への投資効率は大きい。再生が求められる中山間地の内、傾斜地等の作物として、枝物・葉物等採取生産目的の野生的樹種の選択肢なら国土強靭化にも貢献できる。貴市にとって重要な畜産業の次世代への継承への道は険しい。花木園化はたとえ低収益であっても離農を止め、継承しやすい農業業態の一つの選択肢となればと思う。鳥獣被害を避け、粗放栽培で比較的手間のかからない加工用果樹園を含め樹園地化には苗木の定植から採取収穫までの時間差が長い。業態転換には早めの提案や決断が望まれる。中山間地の果樹花木園一帯化は景観化から観光公園化も見込まれ、多くの一般市民の協賛や共感による協労も得られやすい。兼業化や兼業農家継承にはＪＡ等による作業受託支援体制の整備も欠かせない。今、現経営世代に求められるのは次世代による農家の継承を優先する農業業態の選択肢が問われているのではないかと思う。

窪田　征司（くぼた　せいし）

昭和13年５月12日生まれ。長野県飯田市出身、満81歳。幼少時より農家の長男として伊那谷の棚田での稲作、急傾斜地での桃や梅の果樹園、南天や珊瑚閣モミジ等の花木園、一頭和牛肥育・一頭酪農・養豚多頭飼育を経験。飯田高校卒業後、昭和32年日本大学法学部入学、36年３月卒業。飯田市に戻り、中山間地農業に再従事、37年から現伊那市長谷地区の三峰川電力へ、38年名古屋市へ移住し、10月殖産住宅相互㈱入社、18年間勤務後、昭和56年３月依願退職し、相互建商㈱設立、現在に至る。

地方創生への放言

2020年１月29日　初版第１刷発行

著　者　窪田征司
発行者　中田典昭
発行所　東京図書出版
発行発売　株式会社 リフレ出版
〒113-0021　東京都文京区本駒込 3-10-4
電話（03）3823-9171　FAX 0120-41-8080
印　刷　株式会社 ブレイン

ISBN978-4-86641-292-4 C0095
Printed in Japan 2020
落丁・乱丁はお取替えいたします。

ご意見、ご感想をお寄せ下さい。

［宛先］〒113-0021　東京都文京区本駒込 3-10-4
東京図書出版